DER VITRA CAMPUS

TADAO ANDO
RICHARD BUCKMINSTER FULLER
UND T. C. HOWARD
ANTONIO CITTERIO
FRANK GEHRY
NICHOLAS GRIMSHAW
ZAHA HADID
CARSTEN HÖLLER

HERZOG & DE MEURON
JASPER MORRISON
SEVIL PEACH
RENZO PIANO UND RPBW
JEAN PROUVÉ
TOBIAS REHBERGER
SANAA
ÁLVARO SIZA

ARCHITEKTUR   DESIGN   INDUSTRIE

„DER ARCHITEKTURPARK VON VITRA IST WELTWEIT EINZIGARTIG. SEIT DEM BAU DER WEISSENHOFSIEDLUNG IN STUTTGART IM JAHR 1927 VER-

SAMMELTE KEIN ORT MEHR BAUTEN FÜHRENDER ARCHITEKTEN DER WESTLICHEN HEMISPHÄRE."

Philip Johnson, 1999

Vitra Home Collection vor der Rückseite des Vitra Design Museums, 2007

VORWORT

Fabrikgebäude sind seit dem 19. Jahrhundert ein wichtiges Experimentierfeld für das Bauen der Zukunft. Manche Unternehmen wurden für ihre Architektur weltbekannt, etwa AEG oder Olivetti. Andere Firmen, wie Braun oder in jüngster Zeit Apple, haben gezeigt, dass auch eine überzeugende Designstrategie die Grundlage für unternehmerischen Erfolg sein kann. Seit den 1980er Jahren werden solche Zusammenhänge unter dem Stichwort „Industriekultur" diskutiert. Dabei geht es um die industriell geprägte Geschichte der Moderne, um Alltagskultur, um die Verantwortung unternehmerischen Handelns, aber auch um Strukturwandel oder die postindustrielle Gesellschaft.

Auf dem Vitra Campus wurde Industriekultur seit den 1980er Jahren neu definiert. An Stelle einer bis dahin meist einheitlichen Firmenarchitektur steht hier ein vielfältiges Ensemble unterschiedlicher Bauten. Die bauliche Vielfalt spiegelt ein Produktsortiment, das von den unterschiedlichen Handschriften ihrer Designer geprägt ist – von Heroen des 20. Jahrhunderts wie Charles and Ray Eames und Verner Panton bis hin zu aktuellen Entwerfern wie Jasper Morrison, Antonio Citterio, Ronan & Erwan Bouroullec, Hella Jongerius oder Konstantin Grcic. Auch das Vitra Design Museum ist eine Facette dieses pluralistischen Konzepts. Es ist kein klassisches Firmenmuseum, sondern agiert als unabhängige, öffentliche Institution und gilt heute als eines der führenden Designmuseen weltweit.

Entscheidend für den Erfolg des Vitra Campus war die herausragende Qualität seiner Einzelbauten. So gelten die Bauten von Frank Gehry oder Zaha Hadid für Vitra als Schlüsselwerke des späten 20. Jahrhunderts und wurden in vielen Ausstellungen und Publikationen gefeiert.

Während der Campus in den 1990er Jahren noch von solchen ikonischen Einzelbauten geprägt war, hat er mittlerweile viele Merkmale eines öffentlichen Ortes. Ein wichtiger Schritt in diese Richtung war 2010 die Eröffnung des VitraHaus von Herzog & de Meuron. Mit diesem Bau, der auch ein Café und einen Shop umfasst, stiegen die Besucherzahlen des Campus auf heute circa 350.000 pro Jahr. Auch das Museum entwickelte sich seitdem entschieden weiter. 2016 hat Herzog & de Meuron für das Museum einen Neubau realisiert, in dem die Sammlung ausgestellt und vermittelt wird. Im Zentrum des Schaudepots steht eine Ausstellung von über 400 Schlüsselstücken des modernen Möbeldesigns von 1800 bis heute.

Architektonisch kann diese Entwicklung als Urbanisierungsprozess gelesen werden – der einstmals ländlich geprägte Industriestandort in Weil am Rhein verdichtet sich und wird zu einem wichtigen Teil der urbanen Agglomeration Basel im Dreiländereck von Deutschland, Schweiz und Frankreich. Kulturell ist dies ganz einfach das Abbild des Lebens im 21. Jahrhundert. Ein Unternehmen ist darin nicht nur „gläsern" und wird von außen besichtigt, sondern man partizipiert daran, ob über die sozialen Medien, bei einem Workshop oder einem Tag auf dem Campus. Ein Museum ist heute keine kulturelle Pflichtveranstaltung mehr, sondern kann für Themen wie Design und Architektur begeistern, die uns alle täglich umgeben. In einer Zeit, in der weltweit über die Zukunft der Arbeit, über die Aneignung öffentlicher Räume und über Verantwortung in unserer Konsumkultur gesprochen wird, hat dies durchaus Modellcharakter. Es macht den Campus zu einem Labor des 21. Jahrhunderts.

Mateo Kries, Marc Zehntner
Direktoren, Vitra Design Museum

S. 11
Einleitung

VITRA CAMPUS

S. 18
Produktionshallen, Nicholas Grimshaw, 1981 / 1983

S. 26
Balancing Tools, Claes Oldenburg & Coosje van Bruggen, 1984

S. 30
Vitra Design Museum, Frank Gehry, 1989

S. 44
Vitra Design Museum Gallery und Pforte, Frank Gehry, 1989/2003

S. 50
Produktionshalle, Frank Gehry, 1989

S. 58
Konferenzpavillon, Tadao Ando, 1993

S. 70
Feuerwehrhaus, Zaha Hadid, 1993

S. 82
Produktionshalle und Álvaro-Siza-Promenade, Álvaro Siza, 1994 / 2014

S. 94
Citizen Office, Sevil Peach, 2000

S. 98
Dome, Richard Buckminster Fuller und T. C. Howard, 1975 / 2000

S. 108
Tankstelle, Jean Prouvé, ca. 1953 / 2003

S. 118
Bushaltestelle, Jasper Morrison, 2006

S. 126
VitraHaus, Herzog & de Meuron, 2010

S. 142
Produktions- und Logistikhalle, SANAA, 2012

S. 152
Diogene, Renzo Piano und RPBW, 2013

S. 156
Vitra Rutschturm, Carsten Höller, 2014

S. 162
Rehberger-Weg, Tobias Rehberger, 2015 / 2016

S. 168
Vitra Schaudepot, Herzog & de Meuron, 2016

INHALTSVERZEICHNIS

WEITERE VITRA BAUTEN

S. 178
Logistik- und Produktionshallen, Antonio Citterio, 1992 / 2008 / 2012

S. 184
Vitra Center, Frank Gehry, 1994

BIOGRAFIEN

S. 22
Nicholas Grimshaw

S. 38
Frank Gehry

S. 66
Tadao Ando

S. 78
Zaha Hadid

S. 86
Álvaro Siza

S. 96
Sevil Peach

S. 106
Richard Buckminster Fuller

S. 114
Jean Prouvé

S. 122
Jasper Morrison

S. 138
Herzog & de Meuron

S. 149
SANAA

S. 154
Renzo Piano und RPBW

S. 160
Carsten Höller

S. 166
Tobias Rehberger

S. 182
Antonio Citterio

S. 191
Interview

S. 201
Bildnachweis

Bau des Vitra Design Museums, 1989

Es gibt auf der Welt wohl keinen zweiten Ort, an dem auf vergleichbar kleinem Raum so viele und so unterschiedliche Beispiele herausragender zeitgenössischer Architektur versammelt sind, wie auf dem Vitra Campus in Weil am Rhein. Aus dem in gestalterischer Hinsicht völlig unbedeutenden Produktionsstandort, den der Schweizer Möbelhersteller Vitra hier bereits seit Anfang der 1950er Jahre unterhält, entwickelte sich in den Jahrzehnten seit 1981 ein vielfältiges Bauensemble, dessen Besonderheit in der Mischung von geschäftlicher und kultureller Nutzung liegt. Der Vitra Campus, zu dem so prominente Architekten wie Nicholas Grimshaw, Frank Gehry, Zaha Hadid, Tadao Ando, Álvaro Siza, Herzog & de Meuron und SANAA beigetragen haben, fand schon früh internationale Beachtung. Das Interesse für diesen Ort, das sich in einer stetig steigenden Besucherzahl manifestiert, wuchs mit jedem vollendeten Neubau weiter an. Heute zählt der Campus zu den touristischen Highlights der Region Basel. Er wird jährlich von mehreren hunderttausend Menschen aus aller Welt frequentiert. Daneben gilt das Vitra-Areal am Fuß des Tüllinger Hügels auch als Musterbeispiel für eine zeitgemäße Industriekultur und ein ganzheitliches Markenverständnis, in dem Gestaltung eine zentrale Rolle spielt.

VITRA CAMPUS

Der Vitra Campus entstand weder zufällig noch nach einem groß angelegten Generalplan. Am Beginn der Entwicklung stand eine Katastrophe. Ausgelöst durch einen Blitzschlag, zerstörte 1981 ein verheerender Großbrand fast die Hälfte der Fabrikationsgebäude, die das Unternehmen seit 1953 in Weil am Rhein errichtet hatte. Rolf Fehlbaum, der erst wenige Jahre zuvor die Leitung der von seinen Eltern gegründeten Firma übernommen hatte, stand quasi über Nacht vor der Notwendigkeit, in kürzester Zeit neue Produktionshallen zu bauen. Er erkannte freilich auch die Chance, mit diesen Neubauten eine architektonische Neuorientierung zu verbinden. Mit den aktuellen Tendenzen in der internationalen Architekturszene vertraut, suchte er zunächst die Kooperation mit dem britischen Architekten Nicholas Grimshaw, der bereits mehrfach mit Industriebauten hervorgetreten war. Als nach seinen Plänen innerhalb von nur sechs Monaten eine erste Fabrikhalle realisiert worden war, erhielt Grimshaw den Auftrag, einen „Masterplan zur einheitlichen Entwicklung des Geländes" zu erarbeiten. Die Vorstellung war, in Zukunft weitere Gebäude der gleichen Art zu errichten und Vitra damit eine technisch ausgerichtete Corporate Identity zu schaffen. In diesem Geist entstand 1983 eine zweite Halle nach dem Entwurf von Grimshaw. Der Grundstein für den heutigen Vitra Campus war gelegt.

Grimshaw gilt als ein Hauptvertreter der sogenannten „High-Tech-Architektur". Seine Fabrikationshallen in Weil stehen eindeutig in der Tradition der funktionalistischen Moderne und ihrer Vorliebe für eine kühl-rationalistische Maschinenästhetik. Ihre industrielle Anmutung verdanken Grimshaws Bauten vor allem der silbrig glänzenden oder in einem hellen Blaugrau gestrichenen Blechverkleidung der Hallen. Charakteristisch sind außerdem die meist abgerundeten Gebäudeecken und die dem eigentlichen Baukörper vorgelagerten, farblich abgesetzten Erschließungstürme.

Anlässlich des 70. Geburtstags des Vitra-Gründers Willi Fehlbaum wurde 1984 auf dem Vitra-Gelände eine *Balancing Tools* betitelte Großskulptur von Claes Oldenburg und Coosje van Bruggen aufgestellt. Im Zuge dieses

Großbrand auf dem Vitra Campus, 1981

Projekts, mit dem der Industriestandort erstmals um eine kulturelle Komponente bereichert wurde, kam es zu der Begegnung von Rolf Fehlbaum mit dem amerikanischen Architekten Frank Gehry. Im Ergebnis der mit Gehry geführten Diskussionen rückte Fehlbaum in den späten 1980er Jahren von der Idee einer Bebauung nach einheitlichen, wiedererkennbaren Gestaltungsgrundsätzen ab. Stattdessen verfolgte er seither einen pluralistischen Ansatz, der die Weiterentwicklung des Areals im Sinn eines gleichberechtigten Nebeneinanders unterschiedlicher Architektursprachen und -auffassungen ermöglichte. Das „Ideal eines Campus, der öffentliche und private, industrielle und kulturelle Elemente auf selbstverständliche Weise vereint", wie es Fehlbaum einmal formulierte, begann bald Formen anzunehmen.

Mit Frank Gehry, der bis zu diesem Zeitpunkt in Europa noch nicht gebaut hatte, projektierte Fehlbaum zunächst ein Gebäude für seine schnell wachsende Möbelsammlung, aus dem das Vitra Design Museum hervorging. Parallel zum Museum entstanden nach Gehrys Plänen eine weitere Fabrikationshalle (inklusive Werkskantine, Büros und Schauräumen) sowie das Gebäude für die Pforte, das die Grenze zwischen den öffentlich zugänglichen und den vorwiegend betrieblich genutzten Teilen des Campus markiert.

Die 1989 vollendeten Bauten von Gehry ließen die Zäsur in der Architekturphilosophie von Vitra unmissverständlich sichtbar werden. Das Vitra Design Museum mit seinem wild bewegten, zerklüfteten Baukörper, der die Grenzen der Geometrie zu sprengen scheint, gilt heute als ein Schlüsselwerk in Gehrys Schaffen und sorgte schon damals weit über die Fachwelt hinaus für Aufsehen.

Nicht weniger spektakulär als Gehrys Museumsbau fiel auch das nächste Projekt auf dem Vitra Campus aus: das von der britisch-irakischen Architektin Zaha Hadid entworfene, zwischen 1989 und 1993 erbaute Feuerwehrhaus. Für Zaha Hadid, die es mit ihren kühnen Architekturvisionen in Fachkreisen zu einer gewissen Bekanntheit gebracht hatte, war es der erste nach ihren Vorstellungen realisierte Entwurf. Das ursprünglich für die Werksfeuerwehr konzipierte Gebäude, das heute zu den bedeutendsten Zeugnissen der dekonstruktivistischen Architektur zählt, besteht aus zwei ineinander verkeilten Baukörpern: auf der einen Seite die große Garage für die Feuerwehrautos, auf der anderen die Sozial- bzw. Schulungsräume. Das markante Erkennungszeichen des Baus ist das vor der Garageneinfahrt weit auskragende und spitz zulaufende Dach, in dem die Dynamik, die das gesamte Bauwerk erfasst und aus dem Lot gebracht zu haben scheint, ihren vollkommensten Ausdruck findet. Nur für relativ kurze Zeit seiner eigentlichen Bestimmung gemäß genutzt – der Brandschutz für das Areal wird heute von der öffentlichen Feuerwehr wahrgenommen –, dient das Gebäude jetzt als Veranstaltungsort. Daneben ist es auch als Architektursklupltur um seiner selbst willen von anhaltend großem Interesse.

Fast als Antithese zu den expressiven Bauten von Gehry und Hadid ist der von dem japanischen Architekten Tadao Ando geplante, ebenfalls 1993 fertiggestellte Konferenzpavillon lesbar. Auch dieses betont ruhige, auf klaren geometrischen Formen basierende Gebäude, das Ando feinfühlig in eine dem Vitra Design Museum direkt benachbarte Kirschbaumwiese integrierte, war eine Premiere: Es ist der erste Entwurf, den Ando je außerhalb Japans realisierte.

Den Schlusspunkt der Bauaktivitäten auf dem Vitra Campus in den 1990er Jahren setzte der portugiesische Architekt Álvaro Siza mit einer von ihm entworfenen, 1994 vollendeten Fabrikationshalle. Der nüchterne Bau, der

Biosphere von Richard Buckminster Fuller für den Pavillon der USA auf der Weltausstellung 1967 in Montreal, Kanada

AM BEGINN DER ENTWICKLUNG STAND EINE KATASTROPHE. AUSGELÖST DURCH EINEN BLITZSCHLAG, ZERSTÖRTE 1981 EIN VERHEERENDER GROSSBRAND FAST DIE HÄLFTE DER FABRIKATIONSGEBÄUDE

mit seinem roten Klinkerkleid Bezug nimmt auf die alten Fabrikgebäude des Areals, überzeugt durch seine ausgewogenen Proportionen und scheint ganz in sich selbst zu ruhen. Er bildet damit einen neutralen Hintergrund, vor dem sich die Dynamik des benachbarten Feuerwehrhauses umso wirkungsvoller entfalten kann. Nur an einer Stelle hat Siza einen auffälligen gestalterischen Akzent gesetzt: mit der von ihm entworfenen, brückenartigen Dachkonstruktion, die den Weg zwischen seiner und der gegenüberliegenden Produktionshalle überspannt. An ihren Stahlträgern ist ein absenkbares Dach befestigt, das bei Regen tief liegt und damit Schutz für den Werksverkehr bietet. Bei schönem Wetter fährt es automatisch nach oben, um so einen freien Blick auf Hadids Feuerwehrgebäude zu ermöglichen.

Nach der Fertigstellung von Sizas Fabrikhalle hat es für fast eineinhalb Jahrzehnte keine Neubauten auf dem Campus gegeben, sieht man von den beiden nach Plänen von Jasper Morrison gefertigten Bushaltestellen einmal ab, die 2006 an der Straße vor dem Vitra-Areal aufgestellt wurden. Dafür fanden zwei architekturhistorisch bedeutsame Strukturen, die ursprünglich nicht von Vitra in Auftrag gegeben wurden, hier eine dauerhafte Bleibe. Da ist zum einen der von dem amerikanischen Erfinder Richard Buckminster Fuller Anfang der 1950er Jahre entwickelte *Dome*, eine kuppelförmige Leichtbau-Konstruktion, die 1975 in Zusammenarbeit mit Thomas C. Howard bei Charter Industries entstand. Im Jahr 2000 in Weil aufgestellt, dient er seither für Präsentationen und Veranstaltungen. Da ist zum anderen ein 1953 entstandenes modulares Fertigbau-Tankstellenhäuschen des französischen Konstrukteurs und Designers Jean Prouvé, das nach einer grundlegenden Sanierung 2003 auf dem Campus installiert wurde.

Im Jahr 2007 begannen die Arbeiten für zwei weitere Großprojekte auf dem Campus. Nach Plänen des japanischen Architekten-Duos SANAA entstand eine neue Produktionshalle, und nach einem Entwurf von Herzog & de Meuron wurde das dem Museumsgebäude von Gehry benachbarte VitraHaus errichtet.

Die raumgreifende Produktionshalle, deren Fassade nach technischen Verzögerungen 2012 vollendet werden konnte, fällt durch ihren ungewöhnlichen, gerundeten Grundriss auf, der entfernt an eine große, etwas unregelmäßig geformte Seifenblase erinnert. Erstaunlich ist der visuelle Effekt, der sich aus dieser Grundrissfigur im Zusammenspiel mit der blendend weißen, leicht gewellten Kunststofffassade des Gebäudes ergibt: Es ist dem menschlichen Auge fast unmöglich, das Volumen und die Ausdehnung der Halle realistisch einzuschätzen.

Ein Spiel mit dem Maßstab und der Maßstäblichkeit mag man auch in dem ansonsten völlig anders gearteten, 2010 eröffneten VitraHaus von Herzog & de Meuron erkennen – das mit Abstand höchste und entsprechend schon von Weitem sichtbare Bauwerk auf dem Campus. Aus scheinbar zufällig übereinander gestapelten, langgezogenen und teilweise weit auskragenden Giebelhäusern komponiert, dient es als Besucherzentrum und als öffentlich zugänglicher Schauraum der Vitra Home Collection. Außerdem beherbergt es ein Café, den Vitra Design Museum

Luftaufnahme der Weißenhofsiedlung in Stuttgart, 1927

Shop, eine Business Lounge und das Lounge Chair Atelier. Mit der Eröffnung von Herzog & de Meurons VitraHaus, das sich bald zu einem weiteren Besuchermagneten entwickelte, ist der Vitra Campus mehr denn je zu einem der Öffentlichkeit zugewandten und öffentlich wahrgenommenen Ort geworden. Dem Konzept „A day at Vitra" (Ein Tag bei Vitra) folgend, wird dem design- und architekturinteressierten Publikum hier ein aus kulturellen und kommerziellen Elementen zusammengesetztes Tagesprogramm offeriert. Dazu gehören die Ausstellungen im Vitra Design Museum, die Architekturführungen über den Campus und der Besuch im VitraHaus mit seiner umfassenden und ständig wechselnden Präsentation der Vitra-Produkte. Einkaufsmöglichkeiten im Shop sowie Verpflegung und Entspannung im hauseigenen Café runden das Angebot ab. Und wer mag, kann über den neuen, 2012 eingeweihten Verner-Panton-Weg den nahe gelegenen Tüllinger Hügel besteigen, von wo aus sich eine großartige Aussicht über den Campus und die gesamte Region bietet.

Der Vitra Campus präsentiert sich heute als ein Ort, an dem sich, wie es die Frankfurter Allgemeine Zeitung einmal formulierte, „Architektur, Kunst, Design und Industriekultur auf weltweit einzigartige Weise verbinden". Er demonstriert das Identifikationspotenzial und die Wirkungsmacht herausragender zeitgenössischer Architektur und deren positiven Einfluss auf die Wahrnehmung einer Marke. Der Erfolg des Vitra Campus legt den Gedanken nahe, er sei auf Grundlage eines von langer Hand sorgsam ausgearbeiteten Marketingkonzepts entstanden. Tatsächlich aber beruht seine Überzeugungskraft auf der authentischen Leidenschaft des Bauherren für die zeitgenössische Architektur. Der Campus war und ist, um es mit einer Formulierung von Charles Eames zu sagen, eine „love investigation". Nur deshalb kann er das Selbstverständnis eines Unternehmens, das sich als „kulturell-wirtschaftliches Projekt" versteht, auf glaubwürdige Weise widerspiegeln. Vor diesem Hintergrund ist es verständlich, dass Architekt und Kritiker Philip Johnson den Campus auf eine Stufe mit Bauensembles wie der Weißenhofsiedlung in Stuttgart stellte – als einen Ort, an dem die Architektur einer Epoche einen prägenden Ausdruck findet und an dem deutlich wird, wie Architektur Leben und Arbeit ihrer Zeit reflektiert.

Der Vitra Campus reiht sich heute wie selbstverständlich ein in die Liste bedeutender Unternehmensarchitekturen, in der Namen wie AEG, Olivetti, IBM und andere stehen. Nicht zuletzt inspiriert von solchen wegweisenden Formen der Industriekultur, ist der Campus mittlerweile selbst zu einem Vorbild geworden – in seiner Multifunktionalität ebenso wie in der pluralistischen Architekturauffassung, die hier zum Ausdruck kommt.

Mathias Remmele

Charles und Ray Eames 1958 im *Eames House*, Los Angeles, USA. Fotografie von Julius Shulman

VITRA CAMPUS

1981

PRODUKTIONSHALLEN
1981 / 1983
NICHOLAS GRIMSHAW

Im Jahr 1981 zerstörte ein Brand den Großteil der bis dahin genutzten, konventionellen Produktionsgebäude von Vitra. Erst der Wiederaufbau bot die Möglichkeit, unterschiedliche Bauten mit bekannten Architekten zu realisieren, was zum heutigen Vitra Campus führte. Nicholas Grimshaw war unmittelbar nach der Brandkatastrophe 1981 der erste Architekt, der einen Bau auf dem Campus realisierte.
Da dafür aufgrund von Versicherungsvorgaben nur sechs Monate Zeit zur Verfügung standen, entwarf Grimshaw eine Halle aus einfachen, vorgefertigten Metallelementen. Die Fassade aus horizontal gewelltem Blech ist zugleich ein Bekenntnis zur industriellen Nutzung des Gebäudes und zur technischen Kompetenz der Firma Vitra. 1983 errichtete Grimshaw eine zweite Produktionshalle, die mit der ersten nahezu identisch ist. Beide Hallen werden heute noch zur Produktion genutzt. Der erste Bau beherbergt zudem das Citizen Office, ein innovatives Großraumbüro, das zuletzt 2010 von der Innenarchitektin Sevil Peach gestaltet wurde.

*1939 HOVE, GROSSBRITANNIEN

NICHOLAS GRIMSHAW

1962
Architekturstudium am Edinburgh College of Art

1965
Abschluss des Architekturstudiums an der Architectural Association School of Architecture in London
Gründung des Architekturbüros Farrell Grimshaw zusammen mit Terry Farrell in London

1968
Wohnhaus Park Road in London (GB)

1972
Citroën-Niederlassung in Runnymede (GB)

1975
Hauptverwaltung der Editions van de Velde in Tours (F)

1976–1982
Fabriken und Lagerhäuser für Herman Miller UK in Bath, Avon und Chippenham (GB)

1979
Gastprofessur für Architektur an der Cambridge University

1980
Gründung des Architekturbüros Nicholas Grimshaw & Partners in London (heute Grimshaw Architects LLP)
Sporthalle für IBM in Winchester (GB)

1981
Erste Produktionshalle für Vitra in Weil am Rhein (D)

1983
Zweite Produktionshalle für Vitra in Weil am Rhein (D)

1988
Druckereigebäude der Financial Times in London (GB)
Wohnhäuser Grand Union Canal Walk in London (GB)

1992
Britischer Pavillon auf der Weltausstellung in Sevilla (E)

1993
Terminal am Bahnhof Waterloo in London (GB)
Terminal auf dem Flughafen Heathrow in London (GB)
Commander of the British Empire

1994
Mies van der Rohe Award for European Architecture

1998
Ludwig-Erhard-Haus in Berlin (D)

2000
Gewächshäuser für das Eden Project in St. Austell (GB)

2001
Raumfahrtmuseum National Space Science Center in Leicester (GB)
Neue Messehalle in Frankfurt a. M. (D)

2002
Knight Bachelor

2003
Flughafen in Zürich (CH)

2004
Bürogebäude Five Boats in Duisburg (D)
Präsident der Royal Academy of Arts (bis 2011)

2006
Caixa Galicia Art Foundation in La Coruña (E)
Bahnhof Southern Cross in Melbourne (AUS)

Nicholas Grimshaw gilt als Vertreter einer Bauweise, die die Funktionalität eines Gebäudes in den Vordergrund rückt und daraus dessen Ästhetik ableitet. Seine Bauten sind von den industriellen Materialien und neuen Technologien geprägt. Wie Richard Rogers oder Norman Foster gilt Grimshaw als Vertreter einer Gruppe von britischen Architekten, deren Bauweise oft mit dem Begriff „High-Tech" charakterisiert wird und die der Baukultur seit den 1970er Jahren wichtige Impulse gegeben haben.

1984

Ray Eames fotografiert Coosje van Bruggen und Claes Oldenburg vor der Skulptur *Balancing Tools* auf dem Vitra Campus, 1984. Fotografie von Balthasar Burkhard

BALANCING TOOLS
1984
CLAES OLDENBURG & COOSJE VAN BRUGGEN

Der Künstler Claes Oldenburg und seine Frau Coosje van Bruggen zählen zu den wichtigsten Vertretern der Pop Art. Seit den 1960er Jahren experimentierten sie mit Skulpturen von überdimensional vergrößerten Alltagsgegenständen. Die Skulptur *Balancing Tools* wurde von den Kindern des Vitra-Firmengründers Willi Fehlbaum als Geschenk zu dessen 70. Geburtstag in Auftrag gegeben. Sie zeigt mit Hammer, Zange und Schraubendreher die Hauptwerkzeuge eines Polsterers, der bei der Möbelproduktion eine zentrale Rolle spielt. Die Vergrößerung vermeintlich banaler Alltagsgegenstände, ergänzt um die Fassung in einfachen Primärfarben, erhebt diese Objekte zu einprägsamen Ikonen und spiegelt zugleich den Dialog von Kunst und Technik wider, der jedem Designprozess zugrunde liegt.

1989

Das Hauptgebäude des Vitra Design Museums war das erste Projekt des amerikanischen Architekten Frank Gehry in Europa. Während Gehrys frühere Bauten noch der bildbetonten Sprache der Postmoderne verbunden waren, beschränkte sich der Architekt beim Vitra Design Museum auf eine weiß verputzte Fassade, ein Zinkdach und eine Kubatur aus einfachen, geometrischen Grundformen. Aus diesen fast klassisch wirkenden Elementen schuf er eine dynamische Skulptur, bei der die einzelnen Baukörper zu zersplittern und in Bewegung zu geraten scheinen. Die Ästhetik des Vitra Design Museums trug maßgeblich zur Entstehung des Stilbegriffs „Dekonstruktivismus" bei und leitete in Gehrys Schaffen eine neue Phase ein, die sich in seinen Großprojekten der Folgejahre (etwa dem Guggenheim-Museum Bilbao, 1996) fortsetzte.

VITRA DESIGN MUSEUM
1989
FRANK GEHRY

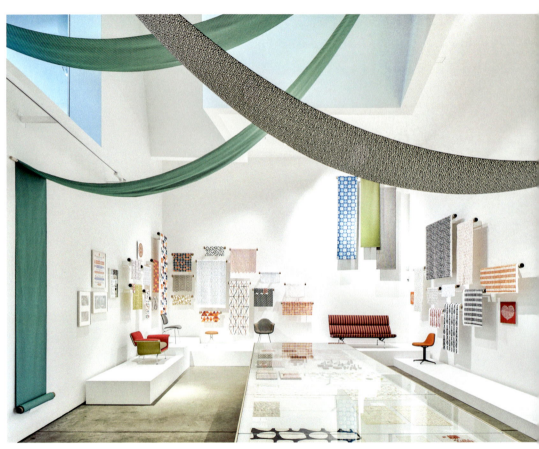
Ausstellung *Alexander Girard. A Designer's Universe*, 2016

Im Innenraum verfügt das Vitra Design Museum über vier große Ausstellungssäle mit gleichmäßigen, weißen Wänden und ca. 700 qm Ausstellungsfläche. Die wichtigste Lichtquelle ist ein zentrales Oberlicht, dessen Kreuzform auch von außen als Zentrum der Gebäudekomposition zu erkennen ist. Die von außen so markanten, diagonalen Baukörper beherbergen die Treppenhäuser. Die expressiven Außenformen des Gebäudes sind also durchaus funktional bedingt und entsprechen den Anforderungen an einen komplexen Museumsbau. Damit gelang Gehry im Vitra Design Museum die Verbindung zweier grundlegend verschiedener Typen der Museumsarchitektur. Zum einen ist das Gebäude eine überraschende Neuinterpretation des *white cube*, der einen zurückhaltenden Rahmen für die Präsentation von Exponaten bietet. Von außen ist es jedoch als bildhafte Bauskulptur gestaltet, die dem Vitra Design Museum schnell zu internationaler Bekanntheit verhalf.

Ausstellung *Making Africa – A Continent of Contemporary Design*, 2015

Schatzkammer der Designgeschichte

Das Vitra Design Museum zählt zu den führenden Designmuseen weltweit. Es erforscht und vermittelt die Geschichte und Gegenwart des Designs und setzt diese in Beziehung zu Architektur, Kunst und Alltagskultur. Ursprünglich als privates Sammlermuseum gedacht, präsentierte das Museum in seinen Anfangsjahren kleinere, exklusive Ausstellungen, etwa über Erich Dieckmann oder den damals noch kaum bekannten Ron Arad.

In den 1990er Jahren folgten die ersten großen, international beachteten Ausstellungen des Museums, darunter Retrospektiven über Charles & Ray Eames, Frank Lloyd Wright oder Luis Barragán, aber auch einflussreiche Themenausstellungen über den Tschechischen Kubismus oder die Zukunft der Mobilität. Parallel dazu begann das Museum mit dem Aufbau eines bis heute erfolgreichen Systems von Wanderausstellungen und mit der Entwicklung eigener Produktlinien, die unter anderem der Finanzierung der kulturellen Aktivitäten dienen. Zugleich wurde die Museumssammlung stetig weiter ausgebaut und ein eigener Verlag gegründet.

Heute ist das Museum mit über 100.000 Besuchern im Jahr eines der bestbesuchten Designmuseen überhaupt. Im Hauptgebäude von Frank Gehry präsentiert es jährlich zwei große Wechselausstellungen, parallel dazu werden in der Vitra Design Museum Gallery, dem Ausstellungsraum nebenan, kleinere Ausstellungen gezeigt. Grundlage der Arbeit des Vitra Design Museums ist eine Sammlung, die zu den weltweit größten ihrer Art zählt. Sie umfasst über 6.000 Möbelstücke, über 1.000 Leuchten, ergänzende Bereiche wie Textilien, Elektronik und Architekturmodelle sowie mehrere bedeutende Nachlässe, unter anderem von Charles & Ray Eames, George Nelson, Verner Panton und Alexander Girard. Die Museumsbibliothek und das Dokumentenarchiv stehen Forschern auf Anfrage zur Verfügung. Begleitend zu seinen Ausstellungen bietet das Museum auf dem Vitra Campus überdies ein vielfältiges Veranstaltungsprogramm mit Vorträgen, Diskussionen, Filmabenden, Führungen und Workshops an.

International werden heute jährlich etwa 15–20 Ausstellungen des Museums in Partnermuseen gezeigt und erreichen damit mehrere 100.000 Besucher. Das Museum auf dem Vitra Campus ist damit Zentrum eines Ausstellungsnetzwerks, das weltweit einzigartig ist und maßgeblich zur Vermittlung von Design und Architektur beiträgt.

Ausstellung *Making Africa – A Continent of Contemporary Design*, 2015

Ausstellung *Lightopia* mit der Installation *Chromosaturation* von Carlos Cruz-Diez, 2013

*1929 TORONTO, KANADA

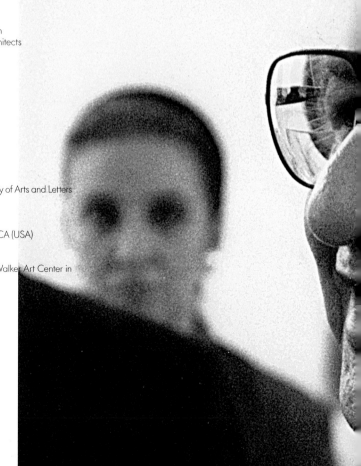

1947
Umzug nach Los Angeles

1954
Abschluss des Architekturstudiums an der University of Southern California in Los Angeles

1956–1957
Studium der Stadtplanung an der Harvard Graduate School of Design in Cambridge
Tätigkeit in den Architekturbüros Viktor Gruen und Pereira & Luckman in Los Angeles, sowie bei André Remondet in Paris

1962
Gründung des Architekturbüros Frank Gehry & Assoc. in Los Angeles

1969–1972
Entwurf der Kartonmöbelserie *Easy Edges*

1974
Lehrauftrag an der Yale University in New Haven
Wahl zum Mitglied des American Institute of Architects

1976
Jung-Institute in Los Angeles, CA (USA)

1978
Eigenes Wohnhaus in Santa Monica, CA (USA)
Bau mehrerer Einfamilienhäuser

1982–1984
Lehrauftrag an der Harvard University

1983
Arnold W. Brunner Award der American Academy of Arts and Letters

1984
Wohnhaus Norton in Venice, CA (USA)
Californian Aerospace Museum in Los Angeles, CA (USA)

1987
Ausstellung *The Architecture of Frank Gehry* des Walker Art Center in Minneapolis

1989
Vitra Design Museum in Weil am Rhein (D)
Produktionshalle für Vitra in Weil am Rhein (D)
Wohnhaus Schnabel in Los Angeles, CA (USA)
Pritzker-Architekturpreis der Hyatt Foundation

1992
Praemium Imperiale der Japan Art Association

1993
American Center in Paris (F)

VITRA CENTER, BIRSFELDEN
S. 184–187

FRANK GEHRY

1994
Vitra Center in Birsfelden bei Basel (CH)

1997
Guggenheim-Museum in Bilbao (E)

1999
Der neue Zollhof in Düsseldorf (D)
Goldmedaille des American Institute of Architects

2000
Goldmedaille des Royal Institute of British Architects

2003
Walt Disney Concert Hall in Los Angeles, CA (USA)

2005
Museum MARTa Herford (D)

2007
IAC Building in New York, NY (USA)

2011
Beekman Tower („New York by Gehry"), 8 Spruce Street in New York, NY (USA)

2014
Biomuseo in Panama Stadt (PA)
Fondation Louis Vuitton in Paris (F)

2015
Facebook Campus in Palo Alto, CA (USA)

Ausstellung *Pop Art Design* mit Werken von Roy Lichtenstein, Ettore Sottsass und George Nelson, 2012

Frank Gehry zählt zu den wichtigsten Architekten unserer Zeit. Mit seinen skulpturalen Bauten initiierte er ab den 1980er Jahren eine neue, expressive Architektursprache, die der postmodernen Architektur neue Impulse verlieh und als „Dekonstruktivismus" bezeichnet wurde. Gehrys Bauten wirken wie Collagen unterschiedlicher Materialien und Stile, zeichnen sich oft aber auch durch sorgfältige Raumkonzepte und überraschende Funktionalität aus. Zu Gehrys Schlüsselwerken zählen sein eigenes Wohnhaus in Santa Monica sowie das Guggenheim-Museum in Bilbao, das einer ganzen Region zu neuer Bekanntheit verhalf und damit zum Inbegriff einer *landmark architecture* wurde.

1989

VITRA DESIGN MUSEUM GALLERY UND PFORTE
1989 / 2003
FRANK GEHRY

Zusammen mit dem Vitra Design Museum realisierte Frank Gehry 1989 ein Pförtnerhaus mit einem angrenzenden Büroraum, das sich am Eingang zum Vitra Campus befindet. 2003 wurde dieser Komplex rückwärtig um einen Bau erweitert, der in unmittelbarer Nähe zum Eingang des Vitra Design Museums liegt. Er beherbergt die Vitra Design Museum Gallery, in der aktuelle, oft experimentelle Ausstellungen gezeigt werden, die die Hauptausstellungen im Museum ergänzen.

Ausstellung *Forum für eine Haltung* vom Depot Basel in der Vitra Design Museum Gallery, 2015

1989

Vitra Test Center in der Produktionshalle von Frank Gehry

1989 verwirklichte Frank Gehry parallel zum Vitra Design Museum eine große Produktionshalle, die unmittelbar hinter dem Museum auf dem Vitra Campus liegt. Die reduzierte Grundform dieses Gebäudes entspricht seiner Nutzung als Montagehalle. Die beiden Eingänge zum vorderen Bereich, in dem sich eine Kantine und Büroräume befinden, weisen jedoch die für Gehry typischen, skulpturalen Bauformen auf und stellen optisch eine Verbindung zum Museumsgebäude her.

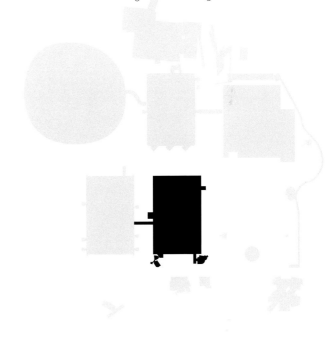

PRODUKTIONSHALLE
1989
FRANK GEHRY

1993

KONFERENZPAVILLON
1993
TADAO ANDO

Der Konferenzpavillon für Vitra ist Tadao Andos erstes Werk außerhalb Japans. Das Zentrum dieses Gebäudes bildet ein abgesenkter Innenhof, der die Umgebung auszublenden scheint und dem Gebäude eine fast klösterliche Ruhe und Intimität verleiht. Von dort aus erreicht man über schmale Korridore und Rampen die verschiedenen Konferenzräume. Der fein behandelte Sichtbeton und die Holzoberflächen unterstützen die Ruhe und Konzentration, die dieser Bau ausstrahlt. Sie zeugen von Andos Inspiration durch Architekten wie Le Corbusier und Louis Kahn, machen aber zugleich seine Verwurzelung in der Tradition japanischer Baukunst deutlich. Die Synthese westlicher und östlicher Architekturtradition, die Tadao Ando in seinen Bauten anstrebt, manifestiert sich auch in der Lichtführung und in der Einbettung des Gebäudes in die umgebende Landschaft, die an die Strenge japanischer Zen-Gärten erinnert.

Der japanische Architekt Tadao Ando entwirft Gebäude, die sich durch meditative Strenge und eine sorgfältige Komposition von Materialien und Proportionen auszeichnen. Er nimmt Bezug auf traditionelle japanische Architektur, offenbart in vielen seiner Bauten jedoch auch die Inspiration durch Vertreter der klassischen Moderne, etwa Le Corbusier oder Louis Kahn. Natürlichen Faktoren wie Licht, Akustik oder der umgebenden Landschaft misst Ando in seinen Bauten ebenso viel Bedeutung bei wie dem eigentlichen Baukörper – erst auf diese Weise entsteht für ihn Architektur von höchster Qualität, in der sich der Benutzer wohlfühlt.

TADAO ANDO

1962–1969
Eigenstudium der Architektur

1969
Gründung des Architekturbüros Tadao Ando Architect & Associates in Osaka

1976
Wohnhaus Azuma in Osaka (J)

1983
Wohnanlage am Rokko in Kobe (J)

1984
Wohnhaus Koshino in Ashiya (J)

1985
Alvar-Aalto-Medaille

1986
Kapelle auf dem Berg Rokko bei Kobe (J)

1987
Lehrauftrag an der Yale University in New Haven

1988
Kirche in Tomamu auf Hokkaido (J)
Lehrauftrag an der Columbia University in New York

1989
Kirche des Lichts in Ibaraki bei Osaka (J)

1990
Lehrauftrag an der Harvard University in Cambridge

1991
Wassertempel auf der Insel Awaji (J)

1992
Japanischer Pavillon für die Weltausstellung in Sevilla (E)
Naoshima Contemporary Art Museum (J)

*1941 OSAKA, JAPAN

1993
Historisches Museum Chikatsu-Asuka in Osaka (J)
Konferenzpavillon für Vitra in Weil am Rhein (D)

1995
Pritzker-Architekturpreis der Hyatt Foundation

1996
Praemium Imperiale der Japan Art Association
Meditationszentrum für die UNESCO in Paris (F)

1997
Goldmedaille des Royal Institute of British Architects

2000
Benetton Research Center in Treviso (I)

2002
Modern Art Museum of Fort Worth in
Fort Worth, TX (USA)
Hyogo Prefectural Museum of Art in Kobe (J)
Kyoto-Preis

2004
Kunsthaus der Langen Foundation auf der
Raketenstation Hombroich bei Neuss (D)

2010
Steinskulpturenmuseum der Fondation
Kubach-Wilmsen in Bad Münster am Stein (D)

2013
Museum SAN in Wonju-si, Gangwon-do (KOR)
Asia Museum of Modern Art in Taichung (TW)

2014
Clark Center des Clark Art Institute in Williamstown, MA (USA)

1993

FEUERWEHRHAUS
1993
ZAHA HADID

Nach dem Großbrand von 1981 richtete Vitra eine Werksfeuerwehr ein. Die Gestaltung des Feuerwehrhauses übertrug man der aus dem Irak stammenden, in London ansässigen Architektin Zaha Hadid. Sie entwarf ein Gebäude, das aus einer großen Halle für mehrere Feuerwehrautos sowie einem weiteren Trakt mit Umkleideräumen, Duschen und Gemeinschaftsräumen besteht. Die spitzwinkligen, skulpturalen Formen des Feuerwehrhauses wurden in aufwendiger Schalbauweise direkt vor Ort gegossen. Sie bilden einen starken Kontrast zur rechtwinkligen Ordnung der benachbarten Produktionshallen. Das Vitra-Feuerwehrhaus war das erste Gesamtbauwerk von Zaha Hadid überhaupt und gilt heute – ebenso wie Frank Gehrys Bau für das Vitra Design Museum – als Schlüsselwerk für den sogenannten „Dekonstruktivismus", aber auch für die Architektur des späten 20. Jahrhunderts insgesamt. Heute wird das Gebäude für Ausstellungen und Sonderveranstaltungen genutzt.

Zaha Hadids expressive Architektur bricht radikal mit konventionellen Bauformen. Ihre Entwürfe suggerieren eine Auflösung des Raums und schaffen damit ein neues Raumerlebnis. Mit ihren ungewöhnlichen Bauten initiierte Hadid ab den 1990er Jahren eine Architektursprache, die seitdem weltweit Nachahmer gefunden hat. Sie ist inspiriert durch organische Formen, aber auch Bezüge zu Konstruktivisten wie Malewitsch und El Lissitzky können darin gesehen werden. Hadids Formensprache wird zudem durch die Entwurfsmöglichkeiten des Computers geprägt, der seit den 1990er Jahren die Konstruktion und Berechnung völlig neuer, gewagter Bauformen erlaubt.

Installation *Prima* von Zaha Hadid für Swarovski vor dem Feuerwehrhaus, 2013

*1950 BAGDAD, IRAK
†2016 MIAMI, FLORIDA (USA)

ZAHA HADID

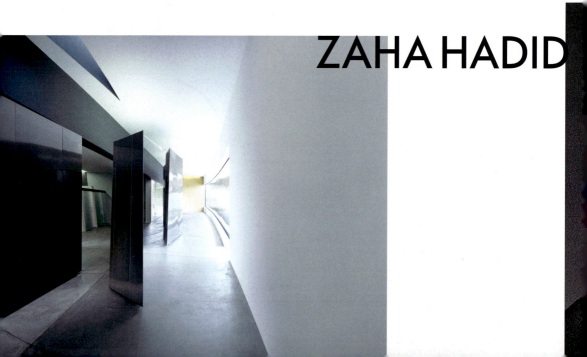

1971
Abschluss des Mathematikstudiums an der American University of Beirut

1977
Abschluss des Architekturstudiums an der Architectural Association School of Architecture bei Elia Zenghelis und Rem Koolhaas in London
Beitritt zur Gruppe Office for Metropolitan Architecture von Rem Koolhaas in London
Dozentin an der Architectural Association in London

1980
Gründung des eigenen Architekturbüros in London

1993
Feuerwehrhaus für Vitra in Weil am Rhein (D)

1994
Wohnblock von Sozialwohnungen auf der Internationalen Bauausstellung (IBA) in Berlin (D)

1999
Pavillon Landscape Formation One für die Landesgartenschau in Weil am Rhein (D)

2000
Professur am Institut für Architektur an der Universität für angewandte Kunst Wien
Gründung von Studio Zaha Hadid Vienna

2001
Straßenbahnhaltestelle und Parkplatz Hoenheim-Nord bei Straßburg (F)

2003
Mies van der Rohe Award for European Architecture
Bergiselschanze in Innsbruck (A)
Rosenthal Center for Contemporary Arts in Cincinnati, OH (USA)

2004
Pritzker-Architekturpreis der Hyatt Foundation

2005
Wohnblock Spittelau in Wien (A)
Zentralgebäude der BMW Werke in Leipzig (D)
Erweiterung des Ordrupgaard Museums bei Kopenhagen (DK)
Wissenschaftsmuseum Phaeno in Wolfsburg (D)

2008
Brückenpavillon für die Expo in Saragossa (E)

2009
Praemium Imperiale der Japan Art Association
JS Bach Chamber Music Hall in Manchester (GB)
Kunstmuseum Museo nazionale delle arti del XXI secolo (MAXXI) in Rom (I)

2010
Guangzhou Opera House in Guanghzou (CN)
Hochhaus für die Reederei CMA CGM in Marseille (F)

2011
London Aquatics Centre für die Olympischen Sommerspiele 2012 in London (GB)
Riverside Museum of Transport in Glasgow (GB)
Eli and Edythe Broad Art Museum in East Lansing, MI (USA)
Dame Commander of the British Empire

2012
Heydar Aliyev Center in Baku (AZ)

2014
Messehalle 3A der NürnbergMesse in Nürnberg (D)
Innovation Tower der Polytechnischen Universität Hongkong (HK)
Dongdaemun Design Plaza in Seoul (KOR)

2015
Dominion Bürogebäude in Moskau (RU)
Messner Mountain Museum Corones im Skigebiet Kronplatz (I)

2016
Maritime Terminal in Salerno (I)
Royal Gold Medal vergeben vom Royal Institute of British Architects

1994 / 2014

PRODUKTIONSHALLE
1994
ÁLVARO SIZA

Die große, schlichte Backsteinhalle von Álvaro Siza erinnert an anonyme Fabrikgebäude des 19. Jahrhunderts und tritt hinter die Bedürfnisse der anderen Baukörper auf dem Gelände zurück. Das markanteste Element des Gebäudes ist die geschwungene Brückendachkonstruktion, die die Halle mit dem benachbarten Gebäude von Nicholas Grimshaw verbindet. Sie lässt sich so weit nach oben ziehen, dass der Blick vom Eingang des Vitra Campus auf das Feuerwehrhaus von Zaha Hadid nicht beeinträchtigt wird. Bei Regen senkt sich die Brücke automatisch ab, um eine witterungsgeschützte Passage zum Grimshaw-Bau zu gewährleisten.

*1933 MATOSINHOS, PORTUGAL

ÁLVARO SIZA

1955
Abschluss des Architekturstudiums an der Escola Superior de Belas Artes do Porto

1958
Aufgabe der Tätigkeit bei seinem Professor Fernando Távora
Gründung des eigenen Architekturbüros in Porto

1963
Teehaus von Boa Nova bei Matosinhos (P)

1966
Meeresschwimmbad Leça da Palmeira bei Matosinhos (P)

1974
Bankgebäude Pinto & Sotto Mayor in Oliveira de Azeméis (P)

1976
Haus Beires in Póvoa de Varzim (P)
Professur an der Architekturschule der Universität Porto

1977
Wohnungsbau in Porto (P)

1984
Haus Avelino Duarte in Ovar (P)
Wohnhaus Schlesisches Tor in Berlin (D)

1988
Mies van der Rohe Award for European Architecture
Goldmedaille der Alvar Aalto Foundation

1992
Pritzker-Architekturpreis der Hyatt Foundation

1994
Pädagogische Hochschule in Setúbal (P)
Museum für moderne Kunst in Santiago de Compostela (E)
Produktionshalle für Vitra in Weil am Rhein (D)

1995
Universitätsbibliothek in Aveiro (P)
Architekturfakultät in Porto (P)

1996
Kirche Santa Maria in Marco de Canavezas (P)

1998
Praemium Imperiale der Japan Art Association
Portugiesischer Pavillon für die Weltausstellung in Lissabon (P)

2000
Wohnhaus in Vila Nova de Familacão (P)

2005
Museo d'Arte Contemporanea Donna Regina in Neapel (I)

2009
Goldmedaille des Royal Institute of British Architects
Labor- und Bürogebäude für den Novartis Campus in Basel (CH)

2012
Goldener Löwe für sein Lebenswerk, 13. Internationale Architekturausstellung, Biennale Venedig (I)

2014
Schwimmendes Bürogebäude für Shihlien Chemical Industrial Jiangsu Co. in Jiangsu (CN)
Álvaro-Siza-Promenade auf dem Vitra Campus in Weil am Rhein (D)

Álvaro Siza ist Vertreter einer Schule von portugiesischen und spanischen Architekten, die seit den 1960er Jahren eine neue, bescheidene und zugleich zeitlose Architektur entwickelt haben. Diese entzieht sich den Strömungen von Moderne oder Postmoderne, sucht nach überzeitlicher Gültigkeit und nach einfachen, überzeugenden Lösungen für die gestellten Bauaufgaben. Ausgangspunkt für Álvaro Sizas Entwürfe sind immer der konkrete Ort und dessen kultureller und architektonischer Kontext. Seine Planungen gehen sensibel auf die Gegebenheiten von Landschaft, Stadtumgebung und lokaler Baukultur ein.

ÁLVARO-SIZA-PROMENADE
2014
ÁLVARO SIZA

Die sogenannte Álvaro-Siza-Promenade ist 500 Meter lang und verbindet den Eingang auf der Nordseite des Campus mit dem neu geschaffenen Südeingang um das Schaudepot und das Feuerwehrhaus. Es handelt sich um einen Asphaltweg, der von zwei Meter hohen Hainbuchenhecken begleitet wird. Mal flankieren diese linear den Weg, mal weichen sie zurück und lassen Grünräume entstehen. Siza wählte Hecken, um den Wechsel der Jahreszeiten erlebbar werden zu lassen. Dazu treten harte, unveränderliche Materialien, die sich schon an der Siza Produktionshalle finden: in den Niederlanden gebrannter Backstein und portugiesischer Granit. Der Weg wird gegliedert durch „Episoden", die spezielle Raumerfahrungen ermöglichen, etwa ein s-förmiger, von Hecken eingefasster Aufenthaltsbereich, der Vitra Rutschturm von Carsten Höller und ein archaisch anmutender, sich durchdringender Doppelraum aus Backstein- respektive Granitwänden. Diese Elemente erinnern an die „Follies" englischer Parkanlagen. Mit der architektonischen Ausbildung der Einzelelemente widersetzt sich Siza allerdings der romantischen Idee einer ununterscheidbaren Verschmelzung von Natur und Architektur – vielmehr folgen Bauten und Außenraum jeweils ihren eigenen Gesetzlichkeiten und finden erst auf einer höheren Ebene zu der für das Werk von Siza typischen Balance.

Vitra begann 1997 mit Sevil Peach, Designerin und Expertin für die Gestaltung von Arbeitsplätzen, zusammenzuarbeiten. Ziel war die Errichtung eines Großraumbüros in einer der Produktionshallen von Nicholas Grimshaw, das eine inspirierende und motivierende Arbeitsatmosphäre schafft, Kommunikation und Zusammenarbeit fördert und ein Höchstmaß an Produktivität ermöglicht. Die Gestaltung von Sevil Peach wurde allen diesen Anforderungen gerecht, gleichzeitig experimentierte sie auch mit neuen Ideen, wie Mitarbeiterinnen und Mitarbeiter einen Arbeitsplatz wählen können, der am besten zu den jeweiligen Aufgaben und Arbeitsweisen passt.

Das New Office stieß nicht nur auf großes Interesse und fand viele Nachahmer, sondern war auch Inspirationsquelle für die Gestaltung zahlreicher Produkte von Vitra. Im Jahr 2010 erfuhr das New Office eine grundlegende Umgestaltung, in die neue Erkenntnisse und Produkte einflossen. Darüber hinaus konnten darin die modernen technologischen Anforderungen sowie veränderte Arbeitsweisen, die sich in den letzten Jahren durchaus auch als Ergebnis der ursprünglichen Gestaltung entwickelt haben, umgesetzt werden.

In Anlehnung an eine Ausstellung aus dem Jahr 1993 im Vitra Design Museum mit Ideen für Büroräume von Ettore

CITIZEN OFFICE
2000 / bis heute
SEVIL PEACH

Sottsass, Andrea Branzi und Michele De Lucchi, in denen die Mitarbeiter wie emanzipierte Bürger („Citizens") handeln, wurde die Bürogestaltung von Sevil Peach Citizen Office genannt.

Sevil Peach ist Mitbegründerin des in London ansässigen Architektur- und Designbüros SevilPeach, das sich auf die Gestaltung von Arbeitsplätzen und Büroeinrichtungen spezialisiert hat. In diesem Bereich hat sie wegweisende Gestaltungen für zahlreiche internationale Unternehmen entwickelt, die dazu beitragen, Arbeitsweisen zu verbessern, ein am Menschen orientiertes Arbeitsumfeld zu schaffen und Elemente wie Kommunikation, Zusammenarbeit, Konzentration und Flexibilität zu integrieren.

SEVIL PEACH

*1949 ISTANBUL, TÜRKEI

1972
Abschluss als Innenarchitektin an der University of Brighton

1972
Innenarchitektin und Associate bei Sir Frederick Gibberd & Partners Architects in London

1988
Designdirektorin bei YRM Architects in London

1993
Gastprofessorin am Kent Institute of Art & Design

1994
Gründung eines eigenen Büros mit Gary Turnbull in London

1995
Büroeinrichtung für die Barclays Bank in London (GB)
Büroeinrichtung für Sony in London (GB)

1996
Inneneinrichtung der neuen Zentrale der National Bank of Uzbekistan in Taschkent (UZ)

1997
Beginn der Zusammenarbeit mit Vitra
Inneneinrichtung der neuen Zentrale der Overland Group in London (GB)

2000
New Office für Vitra in Weil am Rhein (D)
Showroom für Vitra in Los Angeles, CA (USA)

2001
Showroom für Vitra in Amsterdam (NL)
Showroom für Vitra in Barcelona (E)

2002
Pilotbüroprojekt für die Novartis Pharma AG in Basel (CH)

2003
Inneneinrichtung für das neue Mexx International Design Centre in Amsterdam (NL)

2004
Inneneinrichtung des ersten neuen Campus-Gebäudes auf dem Werkareal St. Johann von Novartis in Basel (CH) in Zusammenarbeit mit Diener+Diener

2005
Inneneinrichtung der neuen Zentrale von Deloitte in Prag (CZ)
Inneneinrichtung der neuen Zentrale von Microsoft in Amsterdam (NL)

2006
Design eines neuen Co-Working-Konzepts für Spaces in Amsterdam (NL)

2007
Net 'n' Nest Office für Vitra in Weil am Rhein (D)

2008
Inneneinrichtung der neuen Zentrale von Education First in London (GB)

2009
Büroeinrichtung für die Tate Modern in London (GB) in Zusammenarbeit mit Herzog & de Meuron

2010
Citizen Office für Vitra in Weil am Rhein (D)
Büroeinrichtung für die Tate Modern und Tate Britain in London (GB)
Inneneinrichtung des neuen Novartis Laborgebäudes in Shanghai (CN) in Zusammenarbeit mit Diener+Diener

2011
Inneneinrichtung der neuen Zentrale von Swiss Re in Zürich (CH) in Zusammenarbeit mit Diener+Diener

2012
Design der Produktauslage für das VitraHaus in Weil am Rhein (D)

2013
Design der Co-Working-Umgebung für Spaces in Den Haag (NL)
Büroeinrichtung für das Vitra Center in Birsfelden (CH)

2014
Design der Co-Working-Umgebung für Spaces in Amsterdam (NL)

2015
Studio Office für das Vitra Center in Birsfelden (CH)

2016
Design der Co-Working-Umgebung für Spaces in Rotterdam (NL)
Umgestaltung der Kvardrat Zentrale in Ebeltoft (DK)

2000

DOME
1975 / 2000
RICHARD BUCKMINSTER FULLER UND T. C. HOWARD

Ausstellung *30 Jahre Memphis – Eine Hommage*, 2011

Richard Buckminster Fuller gilt als einer der großen experimentellen Architekten des 20. Jahrhunderts. Zu seinen wichtigsten Werken gehören das *Wichita House* (1944), die *Biosphere* auf der Weltausstellung in Montreal 1967 sowie das futuristisch anmutende Automobil *Dymaxion Car* (1933). Im Zentrum von Fullers Werk stand die Auseinandersetzung mit sogenannten „geodätischen" Strukturen, die er für selbsttragende Kuppelbauten nutzbar machte. Um seine Patente für diese Konstruktionen zu lizenzieren, gründete Buckminster Fuller 1955 die Firma Synergetics Inc., die er später wieder verkaufte. Daraufhin entwickelte der mit Buckminster Fuller befreundete Ingenieur Thomas C. Howard für Synergetics die leicht montierbaren Kuppelbauten weiter. Diese Modelle wurden von der Firma Charter Industries industriell produziert und vertrieben – so auch der Kuppelbau, der heute auf dem Vitra Campus steht. Er wurde 1975 hergestellt und zunächst in Detroit, MI (USA) eingesetzt. Im Jahr 2000 wurde der Bau auf dem Vitra Campus errichtet und dient seitdem als Ort für wechselnde Veranstaltungen.

RICHARD BUCKMIN FULLER

RICHARD BUCKMINSTER FULLER
*1895 MILTON, MASSACHUSETTS (USA)
†1983 LOS ANGELES, KALIFORNIEN (USA)

1913–1915
Studium an der Harvard University in Cambridge

1922
Gründung der Baufirma Stockade Building System mit J. M. Hewlett

1927
Präsentation des *Dymaxion House* in Dearborn, MI (USA)

1932
Gründung der Dymaxion Corporation in Bridgeport

1933
Prototyp des Dymaxion-Automobils

1939
Ausstellung eines Dymaxion-Badezimmers im Museum of Modern Art in New York, NY (USA)

1940
Entwicklung der Dymaxion Deployment Units als Notunterkünfte in Kriegszeiten

1944
Planung der Wohnmaschine *Wichita*

1951
Ausstellung einer geodätischen Kuppel im Museum of Modern Art in New York, NY (USA)

1953
geodätische Kuppel für die Ford Motor Company in Dearborn, MI (USA)

1954
Patent für das Konstruktionssystem der geodätischen Kuppeln

1962
Professur an der Harvard University

1963
Berater der NASA

1967
Bau einer geodätischen Kuppel als amerikanischer Pavillon auf der Weltausstellung in Montreal (CDN)

1968
Professur an der Southern Illinois University Carbondale
Goldmedaille des Royal Institute of British Architects

1969
Nominierung für den Friedensnobelpreis

1970
Goldmedaille des American Institute of Architects

Das Werk von Richard Buckminster Fuller umspannt außergewöhnlich viele Disziplinen: Fuller arbeitete als Architekt, Designer, Ingenieur, Erfinder, Naturwissenschaftler, Philosoph und Autor. Grundlagen seiner Arbeit waren ein ganzheitliches, universalistisches Weltbild und sein Interesse an den konstruktiven Grundlagen der Natur, aus denen er neue Prinzipien für leichte und dennoch stabile Konstruktionen ableitete. Viele seiner Entwürfe tragen das wissenschaftliche Interesse ihres Entwerfers im Namen, beispielsweise seine Entwürfe der Dymaxion-Serie (unter anderem ein Automobil, ein Fertighaus und eine Weltkarte) oder seine sogenannten „geodätischen" Strukturen, die er für die Gestaltung leichter Kuppelbauten anwendete.

2003

TANKSTELLE
ca. 1953 / 2003
JEAN PROUVÉ

Jean Prouvé war ein bedeutender Ingenieur, Architekt und Designer der Nachkriegszeit. Er entwickelte Möbel und Bauten, die auf sorgfältig konstruierten Metallstrukturen basierten und die er in seinem eigenen, metallverarbeitenden Betrieb produzierte. Das kleine Tankstellengebäude auf dem Vitra Campus entwickelte Prouvé gemeinsam mit seinem Bruder Henri Prouvé (1915–2012) circa 1953 für die Firma Mobiloil Socony-Vacuum. Ursprünglich stand sie am Relais des Sangliers im Département Haute-Loire in Frankreich. Als eines der drei noch verbliebenen Exemplare dieses Typs wurde sie 2003 auf dem Vitra Campus wiederaufgebaut. Das Gebäude besteht aus winkelförmigen Aluminiumelementen und von Bullaugen durchbrochenen Blechen. Tragwerk und Wandaufbau sind deutlich – auch farblich – voneinander getrennt. Damit ist dieser Bau typisch für die Gestaltungsprinzipien, die auch Prouvés anderen Möbeln und Bauten zugrunde lagen und mit denen er viele Aspekte heutiger „High-Tech"-Architektur vorwegnahm.

Jean Prouvé war seit den 1930er Jahren ein Hauptvertreter der europäischen Avantgarde in Architektur und Design. In seinen Entwürfen ist die Ausbildung im Metallhandwerk deutlich ablesbar – es ging ihm um ingenieurhafte, leichte und trotzdem hochstabile Konstruktionen. Als überzeugter Verfechter der industriellen Produktion entwickelte Prouvé Möbel, aber auch ganze Häuser und Nutzbauten nach den Prinzipien der Serienfertigung, stellte jedoch zugleich hohe Ansprüche an Komfort, Funktionalität und Materialgerechtigkeit. Seit den 1990er Jahren wurden Prouvés Entwürfe als Vorläufer der „High-Tech"-Ästhetik wiederentdeckt.

JEAN PROUVÉ

*1901 PARIS, FRANKREICH
†1983 NANCY, FRANKREICH

1916–1921
Kunstschmiedelehre bei Émile Robert in Enghien und Adalbert Szabo in Paris

1923
Erste Möbel aus dünnem Stahlblech

1924
Eröffnung der eigenen Schmiedewerkstatt in Nancy

1927
Eingangstor der Villa Reifenberg von Robert Mallet-Stevens in Paris (F)

1930
Mitbegründer der Union des Artistes Modernes (U.A.M.)

1931
Umwandlung der eigenen Firma in die Aktiengesellschaft Les Ateliers Jean Prouvé S. A.
Möbel für die Cité Universitaire de Nancy (F)

1935
Fliegerclub Roland Garros in Buc (F)

1939
Maison du Peuple in Clichy (F)

1944
Wahl zum Bürgermeister von Nancy

1947
Eröffnung einer Fabrik zur Metall- und Aluminiumverarbeitung in Maxéville
Herstellung von Stahlkonstruktionen für Möbel, Wohnhäuser und Schulen

1950
Verleihung des Ordens der Légion d'honneur

1951
Meridiansaal für das Pariser Observatorium in Paris (F)
Fassade für das Messegebäude in Lille (F)

1952
Sheddächer für die Druckerei Mame in Tours (F)

1954
Bau des eigenen Wohnhauses in Nancy (F)
Pavillon zur Hundertjahrfeier für Aluminium Française in Paris (F)
Fassade am Wohnhaus Square Mozart in Paris (F)

1956
Prototyp eines Fertighauses für das Obdachlosenprogramm von
Abbé Pierre in Evian (F)

1957
Trinkhalle von Evian am Genfer See (F)
Professur am Conservatoire des Arts et Métiers (CNAM) in Paris
(bis 1970)
Leiter des Baukonstruktionsbüros der Compagnie Industrielle de
Matériel de Transport (CIMT) in Paris

1967
Fassade des Tour Nobel in Paris (F)

1968
Gründung eines Architekturbüros in Paris
Tankstellen für die Firma Total
Messegebäude in Grenoble (F)

1971
Vorsitzender der Jury für den Entwurf des Centre Georges Pompidou
in Paris

Interieur eines Hauses vom Typ *Schale* von Jean Prouvé, 1951

2006

BUSHALTESTELLE 2006 JASPER MORRISON

Der Entwurf für die Bushaltestelle vor dem Vitra Campus stammt von dem britischen Designer Jasper Morrison. Für die Stadt Hannover hatte Morrison schon in den 1990er Jahren eine Bushaltestelle sowie Straßenbahnwagen gestaltet. Bei seinen Wartehäuschen für Vitra setzte Morrison die einfache Formensprache, die diese Entwürfe kennzeichnete, fort. Die Häuschen bestehen aus poliertem Stahl, wirken wie selbstverständliche Elemente ihrer Umgebung und entsprechen Morrisons Designverständnis, das sich auch an seinen vielen Möbelentwürfen für Vitra zeigt: Gutes Design zeichnet sich weniger durch eine auffällige Form aus, als durch Unaufdringlichkeit und perfekte Einfügung in den täglichen Gebrauch.

JASPER MORRISON

Mit seinen Entwürfen brachte Jasper Morrison ab Mitte der 1980er Jahre in das Design der Postmoderne eine neue Einfachheit, die stilbildend wurde. Morrisons Entwürfe sind zwar formal reduziert, nehmen jedoch oft Bezug auf vorhandene Archetypen, spielen mit den Erwartungen des Benutzers und erweisen sich damit auf den zweiten Blick als hochkomplex – ein Prinzip, das Morrison in seinem Begriff des „Super Normal" zusammenfasste.

*1959 LONDON, GROSSBRITANNIEN

1982
Abschluss des Designstudiums an der Kingston Polytechnic Design School in London

1984
Stipendium an der Berliner Hochschule der Künste

1985
Abschluss des Designstudiums am Royal College of Art in London

1986
Gründung des eigenen Designstudios Jasper Morrison Ltd in London
Entwurf des Thinking Man's Chair für Cappellini

1987
Installation *Reuter's News Center* auf der documenta 8 in Kassel (D)

1988
Installation *Some new items for the house, part I* in Berlin (D)

1989
Installation *Some new items for the house, part II* in Zusammenarbeit mit Vitra in Mailand (I)
Ply-Chair für Vitra

1992
Publikation *A World Without Words*
Bundespreis Produktdesign für eine Serie von Türklinken für FSB

1993
Installation für das Museum für Angewandte Kunst in Wien (A)

1995
Einzelausstellung im Architekturzentrum Arc en rêve in Bordeaux (F)

1997
Gestaltung der neuen Stadtbahn in Hannover (D)
Lehrauftrag am Royal Institute of British Architects in London

seit 1997
Entwürfe für Alessi, Flos, Magis, Muji, Rosenthal, Rowenta, Vitra

2000
Möblierung der Tate Modern in London (GB)

2001
Ernennung zum Royal Designer for Industry

2002
Publikation *Everything But The Walls*
Eröffnung eines Studios in Paris

2006
Bushaltestelle für Vitra in Weil am Rhein (D)
Designmanifest und Ausstellung *Super Normal* zusammen mit Naoto Fukasawa in Tokio (J)
Beteiligung an der Ausstellung *Designing Modern Britain* im Design Museum in London (GB)

2009
Ausstellung *Take a seat!* im Musée des Arts Décoratifs in Paris (F)

2011
Entwurf der Stuhlserie HAL für Vitra

2015
Installation *Home of a Pigeon Fancier* für das London Design Festival in London (GB)
Ausstellung *Thingness* im Museum für Gestaltung in Zürich (CH)
Publikation *A Book of Things*

2016
A&W designer of the year
Möblierung der Tate Modern Extension (Switch House) in London (GB)

2010

VITRAHAUS
2010
HERZOG & DE MEURON

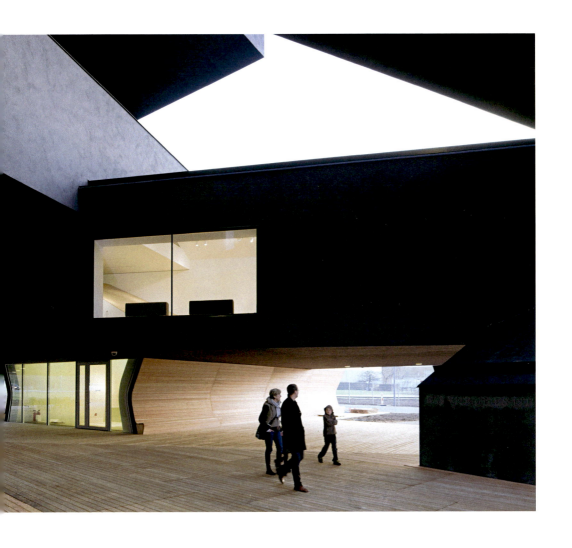

Das Tor zum Vitra Campus

Mit dem VitraHaus wurde 2010 ein Bau geschaffen, der die Vielfalt der Vitra-Produktpalette am Produktionsstandort unter einem Dach erlebbar macht. Das VitraHaus ist Vitras Flagshipstore: Besucher finden dort Anregungen für die Einrichtung ihres Zuhauses und werden in ihren eigenen Designvorlieben auf eine Entdeckungsreise eingeladen. Neben den Möbelarrangements in den Obergeschossen befinden sich im Erdgeschoss der Vitra Design Museum Shop, das VitraHaus Café und die Rezeption zum Empfang der Besucher auf dem Vitra Campus. Das Gebäude wurde von Herzog & de Meuron entworfen, einem der renommiertesten Architekturbüros der Gegenwart. Die Grundstruktur des VitraHaus besteht aus zwölf langgezogenen Giebelhäusern, die zu einem fünfstöckigen Bauwerk aufeinandergestapelt sind. Durch die Giebeldächer ergeben sich im Inneren immer wieder vertraute Raumsituationen – die Architekten sprechen von „domestic scale". Zugleich wirken die Giebelformen wie ein Zitat der umliegenden Vorortbauten und rahmen die unterschiedlichen Wohnwelten geradezu bildhaft ein. Ein Rundgang durch das VitraHaus bietet immer neue Stimmungen und Einblicke – innerhalb des Gebäudes, aber auch in die Umgebung, sei es auf den Tüllinger Hügel im Osten oder das urbane Basel im Westen. Mit seiner vielschichtigen Konzeption wirkt das VitraHaus wie eine architektonische Umsetzung der pluralistischen Unternehmenskultur, die Vitra in allen Bereichen prägt.

Im Jahr 2004 lancierte Vitra eine Home Collection, in der Designklassiker ebenso vertreten sind wie Re-Editionen und Produkte zeitgenössischer Designer. Da auf dem Campus keine Räumlichkeiten für die Präsentation dieser Kollektion zur Verfügung standen, erhielten die Architekten Herzog & de Meuron den Auftrag, mit dem VitraHaus einen neuen Ort für deren Inszenierung zu entwerfen. In dem 2010 fertiggestellten Gebäude werden die Entwürfe der Vitra Home Collection in unterschiedlichen Wohn- und Arbeitssituationen vorgestellt: Klassiker von Charles & Ray Eames, George Nelson, Isamu Noguchi, Jean Prouvé und Verner Panton sind darin ebenso zu finden wie zeitgenössische Entwürfe von Maarten Van Severen, Ronan & Erwan Bouroullec, Antonio Citterio, Hella Jongerius, Jasper Morrison und anderen. Im Lounge Chair Atelier des VitraHaus gibt das Unternehmen seinen Besuchern Einblick in die Produktion eines Vitra-Klassikers, des Eames Lounge Chair. Das VitraHaus Café lädt zum Genuss regionaler Spezialitäten ein und hat sich zu einem beliebten Treffpunkt im Dreiländereck entwickelt. Der Vitra Design Museum Shop auf der gegenüberliegenden Seite des Gebäudes ist zu einer der beliebtesten Adressen für Designshopping im Herzen Europas geworden – an kaum einem anderen Ort findet man eine derart reichhaltige Auswahl an Accessoires, Publikationen und Designobjekten. Auch das Vitra Design Museum nutzt die Räumlichkeiten im VitraHaus, etwa für seine Vorträge oder Diskussionen mit renommierten Designern und Architekten oder für Filmabende.

HERZOG & DE MEURON

Die Bauten von Jacques Herzog und Pierre de Meuron sind komplexe Gebilde, die durch viele unterschiedliche Inspirationen geprägt sind – von der Auseinandersetzung mit Naturformen über die Eigenschaften unbehandelter Baumaterialien bis hin zu den konstruktiven Möglichkeiten neuer Bautechnologien. Die Bandbreite ihrer Entwürfe reicht vom kleinen Einfamilienhaus in einem Basler Vorort bis zum Olympiastadion in Peking, dessen Spitzname „Vogelnest" auf seine eigenwillige Ummantelung aus verstrebten Stahlträgern Bezug nimmt. Leitmotiv all dieser Bauten ist die Suche nach radikalen, funktionalen und zugleich bildhaften Lösungen für die gestellte Aufgabe.

HERZOG & DE MEURON
JACQUES HERZOG, *1950 BASEL, SCHWEIZ
PIERRE DE MEURON, *1950 BASEL, SCHWEIZ

VITRA SCHAUDEPOT, WEIL AM RHEIN
S. 168–175

1975
Abschluss des Architekturstudiums an der Eidgenössischen Technischen Hochschule (ETH) bei Aldo Rossi und Dolf Schnebli in Zürich

1978
Gründung des Architekturbüros Herzog & de Meuron in Basel

1980
Blaues Haus in Oberwil (CH)

1987
Lagerhaus der Ricola AG in Laufen (CH)

1992
Haus für die Sammlung Goetz in München (D)

1993
Wohnhaus Schützenmattstraße in Basel (CH)
Sportanlage Pfaffenholz in St. Louis (F)
Wohn- und Bürohaus der SUVA in Basel (CH)

1994
Gastprofessur an der Harvard University in Cambridge

1995
Stellwerk 4 *Auf dem Wolf* in Basel (CH)

1996
Bibliothek der Fachhochschule in Eberswalde (D)
Cartoonmuseum in Basel (CH)

1999
Museum Küppersmühle für Moderne Kunst in Duisburg (D)
Professur an der ETH Zürich

2000
Erweiterung der Tate Modern in London (GB)

2001
Pritzker-Architekturpreis der Hyatt Foundation

2002
Gründung des Instituts Stadt der Gegenwart mit der ETH Studio Basel

2003
Schaulager – Laurenz-Stiftung in Münchenstein bei Basel (CH)
Prada Aoyama Epicenter in Tokio (J)

2005
Umbau des Walker Art Center in Minneapolis, MN (USA)
M. H. de Young Memorial Museum in San Francisco, CA (USA)
Allianz Arena in München (D)

2007
Goldmedaille des Royal Institute of British Architects
Praemium Imperiale der Japan Art Association
Baubeginn der Elbphilharmonie in Hamburg (D)

2008
Nationalstadion für die Olympischen Sommerspiele in Peking (CN)
Hochhaus St. Jakob-Turm in Basel (CH)

2010
VitraHaus in Weil am Rhein (D)
1111 Lincoln Road in Miami, FL (USA)

2012
Parrish Art Museum in Water Mill, NY (USA)

2013
Pérez Art Museum in Miami, FL (USA)

2014
Naturbad in Riehen (CH)
Ricola Kräuterzentrum in Laufen (CH)

2015
Gipfelgebäude Chäserrugg, Toggenburg (CH)
Erweiterung Museum Unterlinden in Colmar (F)
Nouveau Stade de Bordeaux in Bordeaux (F)
Roche Bau 1, Roche-Areal in Basel (CH)

2016
Vitra Schaudepot in Weil am Rhein (D)
The Tate Modern Extension (Switch House) in London (GB)

2012

PRODUKTIONS- UND LOGISTIKHALLE
2012
SANAA

Die vom japanischen Architekturbüro SANAA entworfene Produktionshalle wurde 2012 fertiggestellt. Das Gebäude erhebt sich über einem frei gerundeten, nicht ganz kreisförmigen Grundriss und besteht aus zwei halbrunden Betonschalen, die miteinander verbunden sind. Diese Form optimiert logistische Abläufe, indem sie LKWs genügend Zirkulationsfläche bietet. Die Hälfte der Halle ist unterkellert, hier steht Mitarbeitern eine Tiefgarage mit 240 Parkplätzen zur Verfügung. Da auf künstliches Licht verzichtet werden sollte, wurden an der Hallendecke mehrere Oberlichter installiert, die viel Tageslicht einlassen. Eine weiße Vorhangfassade aus gewellten Acryl-Paneelen verleiht dem Äußeren des Gebäudes eine fließende Form. Dadurch wirkt die Halle – die größer als alle anderen Produktionsgebäude auf dem Gelände ist – leicht, fast schwebend. Wie in anderen Werken von SANAA in Europa, etwa dem Rolex Learning Center an der EPFL Lausanne oder dem Neubau für das Louvre-Museum in Lens, stehen auch bei diesem Bau Leere und Leichtigkeit im Mittelpunkt. Dieser Eindruck wird unterstützt durch eine immateriell wirkende Fassade und die wenigen, mit fast chirurgischer Präzision gesetzten Fassadenöffnungen.

SANAA

Das Architekturbüro SANAA besteht aus den beiden japanischen Architekten Kazuyo Sejima und Ryūe Nishizawa. Die Bauten von SANAA verbinden die Ästhetik des japanischen Minimalismus mit der globalisierten Architektursprache des 21. Jahrhunderts. Sie sind gekennzeichnet durch raffinierte Proportionen, helle, oft durchgängig weiße Räume sowie Spiele mit transparenten und transluzenten Materialien. Diese machen die Bauten von SANAA zu leichten, poetischen Kompositionen, die sich im Alltag jedoch zugleich als klug durchdachte, funktionale Bauten erweisen.

SANAA
KAZUYO SEJIMA, *1956 PRÄFEKTUR IBARAKI, JAPAN
RYŪE NISHIZAWA, *1966 PRÄFEKTUR KANAGAWA, JAPAN

KAZUYO SEJIMA

1981
Abschluss des Architekturstudiums an der Japan Women's University Nihon Joshi Daigaku in Tokio

1987
Gründung des eigenen Architekturbüros Kazuyo Sejima & Associates in Tokio

1995
Gründung des Architekturbüros Sejima and Nishizawa and Associates SANAA mit Ryūe Nishizawa in Tokio

2001
Dozentin an der Keio-Universität in Tokio

RYŪE NISHIZAWA

1990
Abschluss des Architekturstudiums an der National University of Yokohama
Mitarbeit bei Kazuyo Sejima & Associates

1995
Gründung des Architekturbüros Sejima and Nishizawa and Associates SANAA mit Kazuyo Sejima in Tokio

1997
Gründung des eigenen Architekturbüros Office of Ryūe Nishizawa in Tokio

2001
Dozent an der Yokohama National University in Yokohama

GEMEINSAME LAUFBAHN

1997
Kumanokodo Nakahechi Museum in Tanabe (J)
Wohnhaus M in Tokio (J)
Bürogebäude K in Ibaraki (J)
Wohnhaus S in Okayama (J)

1998
Appartementhaus Kitagata in Gifu (J)
Park Café in Koga (J)
Sanierung des Altstadtviertels in Salerno (I)

1999
Ogasawara Museum in Nagano (J)

2000
Tagespflegeeinrichtung für Senioren in Yokohama (J)
Wohnhaus Small House in Tokio (J)

2003
Christian Dior Building in Tokio (J)

2004
21st Century Museum of Contemporary Art in Kanazawa (J)

2006
Zollverein-Kubus in Essen (D)
Glaspavillon des Toledo Museum of Art in Toledo, OH (USA)
Theater und Kulturzentrum De Kunstlinie in Almere (NL)
Fährterminal in Naoshima (J)

2007
The New Museum of Contemporary Art in New York, NY (USA)

2009
Pavillon für die Serpentine Gallery in London (GB)

2010
Pritzker-Architekturpreis der Hyatt Foundation
Rolex Learning Center der École Polytechnique Fédérale de Lausanne (CH)

2012
Produktions- und Logistikhalle für Vitra in Weil am Rhein (D)
Museum Louvre-Lens in Lens (F)

2015
Grace Farms in New Canaan, CT (USA)

Der italienische Architekt Renzo Piano und der Renzo Piano Building Workshop haben mit *Diogene* das bisher kleinste Gebäude und gleichzeitig größte Produkt von Vitra entwickelt. *Diogene* ist eine auf das Notwendige reduzierte Wohneinheit mit 2,5 x 3 Metern Grundfläche, die als geschlossenes System vollkommen autark funktioniert und damit von ihrer Umgebung unabhängig ist. Entspricht

DIOGENE
2013
RENZO PIANO UND RPBW

Diogene äußerlich dem Bild eines einfachen Hauses, so ist es in Wahrheit ein hochkomplexes technisches Gebilde, ausgestattet mit diversen Installationen und technischen Systemen, die die Selbstversorgung und die Unabhängigkeit von lokalen Infrastrukturen garantieren. Die Gesamtform ruft mit ihrem Satteldach das Urbild eines Hauses in Erinnerung, doch mit seinen abgerundeten Ecken und dem All-Over der Fassadenmaterialien zeigt sich Diogene zugleich als ein zeitgenössisches Produkt. Diogene ist mit allem ausgestattet, was man zum Leben braucht. Der vordere Teil dient als Wohnraum: Auf der einen Seite findet sich ein Sofabett, auf der anderen ein Klapptisch unterhalb des Fensters. Hinter einer Trennwand sind Dusche und WC sowie eine kleine, ebenfalls auf das Nötigste reduzierte Küche angeordnet.

1964
Architektur-Diplom am Polytechnikum in Mailand

1965–1968
Dozent am Polytechnikum in Mailand

1965–1970
Mitarbeit in den Büros von Louis Kahn in Philadelphia und Z.S. Makowski in London

1977
Centre Georges Pompidou in Paris (F) in Zusammenarbeit mit Richard Rogers

1981
Gründung des Renzo Piano Building Workshop mit Büros in Paris, Genua und New York

1986
IBM Travelling Pavillon in Rom (I)
Museumsgebäude für die The Menil Collection in Houston, TX (USA)

1990
Fußballstadion Stadio San Nicola in Bari (I)

1994
Internationaler Flughafen Kansai in Osaka (J)

1995
Praemium Imperiale der Japan Art Association

1997
Fondation Beyeler in Basel (CH)

1998
Pritzker-Architekturpreis der Hyatt Foundation

2000
Neubebauung des Potsdamer Platzes in Berlin (D)

2002
Kulturzentrum Auditorium Parco della Musica in Rom (I)

2003
Nasher Sculpture Center in Dallas, TX (USA)

2005
Zentrum Paul Klee in Bern (CH)
Erweiterung des High Museum in Atlanta, GA (USA)

2006
Maison Hermès in Tokio (J)
Neugestaltung und Erweiterung der Morgan Library in New York, NY (USA)

2007
New York Times Building in New York, NY (USA)

2008
Erweiterung des Broad Contemporary Art Museum in Los Angeles, CA (USA)
California Academy of Sciences in San Francisco, CA (USA)

2009
Erweiterung des Art Institute of Chicago, IL (USA)

2011
Klostergebäude in Ronchamp (F)

2012
Astrup Fearnley Museum of Modern Art in Oslo (NO)
Neugestaltung und Erweiterung des Isabella Stewart Gardner Museum in Boston, MA (USA)
Wolkenkratzer The Shard in London (GB)

2013
Minimalhaus *Diogene* in Weil am Rhein (D)
Kimbell Art Museum Erweiterungsbau in Fort Worth, TX (USA)

2014
Erweiterungsbau Harvard Art Museum in Cambridge, MA (USA)
Pathé Foundation in Paris (F)
Museo delle Scienze in Trient (I)

2015
Neubau Whitney Museum of American Art in New York, NY (USA)
Valletta City Gate Projekt in Valletta (MLT)

*1937 GENUA, ITALIEN

RENZO PIANO UND RPBW

Schon in den 1970er Jahren etablierte sich Renzo Piano mit seinem Entwurf für das Pariser Centre Georges Pompidou (zusammen mit Richard Rogers) als einer der führenden Architekten unserer Zeit. Heute besteht der Renzo Piano Building Workshop – als gleichberechtigte Partnerschaft von Architekten – aus einem Team von über 100 Personen und hat Niederlassungen in Genua, Paris und New York. Unter den Mitarbeitern sind nicht nur Architekten, sondern auch Techniker, Landschaftsplaner, Anthropologen, Musiker und Künstler. Der Workshop versteht sich als Experimentierlabor, in dem neue Techniken mit traditionellen Materialien und Handwerkskunst verbunden werden. Architektonische Entwürfe sollen dabei immer in Bezug zum Ort sowie zu den Bedürfnissen des Nutzers und der Öffentlichkeit stehen. Formalistische Einschränkungen und traditionelle Grenzen zwischen den Disziplinen treten dabei in den Hintergrund. Dies spiegelt Pianos Überzeugung wider, dass ein Architekt um weit mehr als die bloße Ästhetik besorgt sein muss.

2014

Der 30,7 Meter hohe Vitra Rutschturm des Künstlers Carsten Höller ist Aussichtsturm, Rutsche und Kunstwerk zugleich. Er besteht aus drei schräg stehenden, aufeinander zulaufenden Stahlstützen und wird durch eine zweiläufige, in die Schrägstützen eingepasste Treppe mit Zwischenpodesten erschlossen. Auf 17 Metern Höhe befindet sich eine Aussichtsplattform mit Blick auf das Campus-Gelände und das Umland. Die Plattform ist Ausgangspunkt für eine 38 Meter lange Rutschbahn. Am Schnittpunkt der Stützen ist eine Uhr mit sechs Metern Durchmesser angebracht. Die Uhr dreht sich um die eigene Achse, wobei nicht klar ersichtlich ist, welche Achse die Zwölf markiert – es geht um die Thematisierung von Zeit, weniger um das praktische Ablesen der Uhrzeit.

Der Rutschturm dient auf dem Campus zugleich der räumlichen Orientierung, denn er markiert den Weg vom Vitra-Haus zum Feuerwehrhaus von Zaha Hadid, der von Álvaro Siza mit architektonischen Episoden und Landschaftsräumen gestaltet wurde. Höllers Rutschturm unterstützt die Wegführung und ist dabei ganz eigenständiges Element.

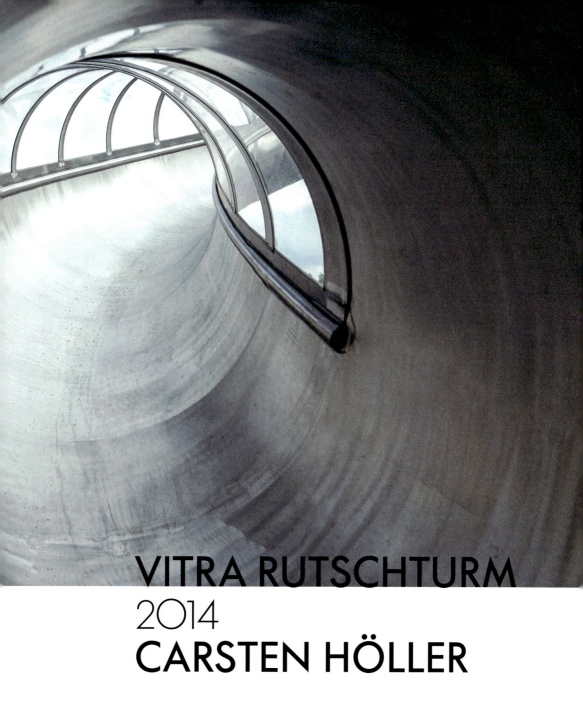

VITRA RUTSCHTURM
2014
CARSTEN HÖLLER

CARSTEN HÖLLER

Carsten Höller habilitierte mit einer Arbeit über die Geruchskommunikation zwischen Insekten. Noch während seiner Tätigkeit als Naturwissenschaftler begann er in den 1980er-Jahren, das Experiment methodisch auch in künstlerischen Arbeiten einzusetzen. Höllers Installationen bieten die Möglichkeit eines innerlichen Experiments, das zur Erkundung des Selbst führt – sie sind Erkundungs-Skulpturen. Rutschen sind ein spezifisches Element in der Arbeit von Höller. „Eine Rutsche ist eine Skulptur, die durchaus einen pragmatischen Aspekt hat, eine Skulptur, in der man reisen kann." In diesem Konzept des Experiments ist immer noch der Naturwissenschaftler Höller präsent.

*1961 BRÜSSEL, BELGIEN

1993
Habilitation zum Thema Geruchskommunikation zwischen Insekten
Ausstellung im *Aperto*-Teil der Biennale Venedig

1997
Ein Haus für Schweine und Menschen zusammen mit Rosemarie Trockel auf der documenta X in Kassel

2000
SYNCHRO SYSTEM in der Fondazione Prada in Mailand (I)

2003
Carsten Höller. Half Fiction im Institute of Contemporary Art in Boston, MA (USA)

2004
Une exposition à Marseille im Musée d'Art Contemporain in Marseille (F)

2005
Ausstellung im schwedischen Pavillon zusammen mit Miriam Backström auf der Biennale Venedig

2006
Rutscheninstallation *Test Site* in der Tate Gallery of Modern Art in London (GB)
Amusement Park im MASS MoCa in North Adams, MA (USA)

2008
Carrousel im Kunsthaus Bregenz (A)
Bewohnbare Installation *Revolving Hotel Room* im Guggenheim Museum in New York, NY (USA)

2010
Divided Divided im Museum Boijmans van Beuningen in Rotterdam (NL)
SOMA im Hamburger Bahnhof – Museum für Gegenwart in Berlin (D)

2011
Experience im New Museum in New York, NY (USA)

2013
Avec in der Galerie Air de Paris in Paris (F)

2014
Vitra Rutschturm auf dem Vitra Campus in Weil am Rhein (D)
Leben in der Thyssen-Bornemisza Art Contemporary Foundation (TBA 21–Augarten) in Wien (A)

2015
Ausstellung im schwedischen und belgischen Pavillon zusammen mit Måns Månsson auf der Biennale Venedig
Decision in der Hayward Gallery in London (GB)

2016
Installation *The Slide* an Anish Kapoors ArcelorMittal Orbit im Olympic Park in London (GB)
Doubt in der Fondazione HangarBicocca in Mailand (I)

2015 / 2016

Tobias Rehberger zählt zu den international renommierten zeitgenössischen Künstlern. Seine Werke verbinden Architektur, Installation, Skulptur, Design, Lichtdesign und Soziologie. Er ist dafür bekannt, Kunst- und Designklassiker der Moderne zu atmosphärischen Installationen umzudeuten. Der Preisträger des Goldenen Löwen von Venedig und Professor für Bildhauerei an der Frankfurter Städelschule gestaltet eine Vielfalt von Objekten, Skulpturen und Umgebungen.

REHBERGER-WEG
2015 / 2016
TOBIAS REHBERGER

Unter dem Titel „24 Stops" gestaltete Tobias Rehberger einen Weg, der den Vitra Campus mit der Fondation Beyeler verbindet und damit zugleich eine Achse zwischen den beiden Gemeinden Weil am Rhein und Riehen, zwischen Deutschland und der Schweiz schafft. Der Titel des Wegs bezieht sich auf 24 Objekte, die Rehberger entlang des Weges platziert hat. Diese sind zugleich Wegweiser und benutzbare Objekte, sie regen die Vorstellungskraft an und erzählen Geschichten. Ihre markante, mal humorvolle, mal leicht absurde Farb- und Formensprache ist kennzeichnend für das Werk von Tobias Rehberger. Am Ausgangspunkt der Tour auf dem Vitra Campus steht die Glocke, die wie ihr Pendant auf der Schweizer Seite aus einem zylindrischen Bronze-Glockenkörper besteht. Mit einem Klöppel kann die Glocke vergleichbar einer Klosterglocke zum Klingen gebracht werden. Weitere Wegmarken, wie die „Vogelkäfige", deren Bewohner ausgeflogen sind, die „Kuckucksuhr" auf dem Dach des Naturbads Riehen, deren Zeiger zu jeder vollen Stunde zum Kuckucksschnabel werden und das „Fernglas", das den Wanderern ein glorioses Aussichtspanorama bietet, können auf der Tour zwischen Weil am Rhein und Riehen entdeckt werden.

*1966 ESSLINGEN AM NECKAR, DEUTSCHLAND

TOBIAS REHBERGER

1987–1993
Studium bei Thomas Bayrle und Martin Kippenberger an der Städelschule in Frankfurt am Main

1993
Sammlung Goldberg / The Iceberg Collection im Ludwig Forum für Internationale Kunst in Aachen (D)

1994
We never work on Sundays im Goethe-Institut in Yaoundé (CAM)

1995
Cancelled Projects im Museum Fridericianum in Kassel (D)

1999
The Secret Bulb in Barry L. in der Galerie für Zeitgenössische Kunst in Leipzig (D)

2000
The Sun from Above im Museum of Contemporary Art in Chicago, IL (USA)
Jack Lemmon's Legs and Other Libraries in der Friedrich Petzel Gallery in New York, NY (USA)

seit 2001
Professur für Bildhauerei an der Städelschule in Frankfurt am Main

2002
Night Shift im Palais de Tokyo in Paris (F)
Geläut – bis ich's hör' im Museum für Neue Kunst in Karlsruhe (D)

2003
bitte…danke in der Galerie der Stadt Stuttgart (D)
Private Matters in der Whitechapel Art Gallery in London (GB)

2005
I die every day, 1 Cor. 15,31 im Museo Nacional Centro de Arte Reina Sofia in Madrid (E)

2007
On Otto in der Fondazione Prada in Mailand (I)

2008
Die Das-Kein-Henne-Ei-Problem-Wandmalerei im Stedelijk Museum in Amsterdam (NL) und im Museum Ludwig in Köln (D)

2009
Goldener Löwe der Biennale di Venezia für die Rauminstallation Was du liebst, bringt dich auch zum Weinen
Hector Kunstpreis der Kunsthalle Mannheim

2010
flache Plakate, Plakatkonzepte und Wandmalereien im Museum für Angewandte Kunst in Frankfurt am Main (D)

2011
Junge Mütter und andere heikle Fragen im Essl Museum – Kunst der Gegenwart in Klosterneuburg (A)

2012
Sex and Friends in der Pilar Corrias Gallery in London (GB)

2014
Home and Away and Outside in der Schirn Kunsthalle in Frankfurt am Main (D)
Tobias Rehberger: Wrap it up im MACRO Museum in Rom (I)

2016
Tobias Rehberger. presently in der Galerie neugerriemschneider in Berlin (D)
24 Stops am Rehberger-Weg zwischen Weil am Rhein (D) und Riehen (CH)

2016

VITRA SCHAUDEPOT
2016
HERZOG & DE MEURON

Das Schaudepot ist nach dem VitraHaus von 2010 der zweite Bau von Herzog & de Meuron auf dem Vitra Campus. Der Neubau verbindet das einfache Erscheinungsbild eines Industrie- oder Lagergebäudes mit den komplexen Anforderungen an ein begehbares Museumsdepot. Nach außen präsentiert sich das Schaudepot als monolithischer Baukörper aus gebrochenem Klinker, gekennzeichnet durch eine völlig fensterlose Fassade und ein schlichtes Giebeldach. Mit seinem schlichten und erhabenen Erscheinungsbild reflektiert das Schaudepot den kulturellen Wert der darin aufbewahrten Objekte. Das Innere des Gebäudes bietet ideale konservatorische Bedingungen, um die wertvollen Sammlungsstücke zu bewahren.

Die Haupthalle im Erdgeschoss des Schaudepots ist geprägt durch eine streng gerasterte Anordnung von Leuchtröhren an der Decke, die den Innenraum gleichmäßig ausleuchten. Hier befinden sich neben der Dauerausstellung auch die Fläche für wechselnde, sammlungsbezogene Ausstellungen sowie der Eingangsbereich mit einem Shop.

Ein großes Fenster öffnet die Haupthalle zum Untergeschoss, von dem der Besucher in die weiteren Sammlungsdepots blicken kann. Diese Sichtverbindung macht die Grundidee des Gebäudes deutlich: Mit dem Schaudepot wächst die Sammlung des Museums nach außen und erhält eine oberirdische Präsentationsfläche; die bisherigen Depots im Untergeschoss bleiben jedoch erhalten, werden erweitert und sind zugleich Teil der Gesamtinszenierung.

Dem Schaudepot vorgelagert ist ein erhöhter, öffentlicher Vorplatz. Dieser bindet das Gebäude in das Architekturensemble auf dem Vitra Campus ein. Der Neubau bildet einen reizvollen Kontrast zu der dynamischen Form des gegenüberliegenden Feuerwehrhauses von Zaha Hadid und korrespondiert mit der ebenfalls verklinkerten Produktionshalle von Álvaro Siza.

Mit dem Schaudepot entsteht auf dem Vitra Campus ein zweiter, stadtseitiger Eingang nach Süden und ein neuer öffentlicher Bereich. Über die Álvaro-Siza-Promenade ist das Schaudepot mit dem nordseitigen Eingang des Campus, dem VitraHaus und dem Museumsbau von Frank Gehry verbunden.

WEITERE VITRA BAUTEN

Logistik- und Produktionscenter in Neuenburg, zweites Gebäude von 2008

Logistikzentrum in Weil am Rhein, Gebäude von 2012

Für zwei Unternehmen der Vitra Gruppe schuf der italienische Designer und Architekt Antonio Citterio in unmittelbarer Nähe des Vitra Campus in Weil Bauten, die ebenfalls Teil des architektonischen Firmenkonzepts sind: ein Logistik- und Produktionscenter in Neuenburg sowie ein Logistikzentrum im Weiler Ortsteil Rebgarten. Beide Bauten sind eingeschossige Hallen mit einem charakteristischen Vordach und einer Photovoltaikanlage. Citterio schuf damit Industriebauten mit Vorbildcharakter: Sie sind schnell zu errichten, kostengünstig, energetisch selbstversorgend und zeichnen sich durch ein leichtes Erscheinungsbild sowie helle Innenräume aus.

LOGISTIK- UND PRODUKTIONSHALLEN
1992 / 2008 / 2012
ANTONIO CITTERIO

ANTONIO CITTERIO

*1950 MEDA, ITALIEN

1972
Abschluss des Architekturstudiums am Polytechnikum in Mailand
Eröffnung eines im Bereich Industriedesign tätigen Büros mit Paolo Nava

1982
Showroom für B&B Italia in Mailand (I)

1985
Hauptsitz von Esprit in Mailand (I) und Filialen in Amsterdam (NL) und Antwerpen (B)

1987
Designpreis Compasso d'Oro, Triennale Mailand

1987–1996
Zusammenarbeit mit Terry Dwan im Citterio/Dwan Studio

1990–1992
Lehrauftrag an der Domus-Akademie in Mailand

1992
Produktionsgebäude für Vitra in Neuenburg (D)

1993–1995
Lehrtätigkeit am Royal College of Art in London

1995
Designpreis Compasso d'Oro

1997
Lehrauftrag an der Università La Sapienza in Rom

1999
Gründung des multidisziplinären Büros für Architektur, Industrie- und Grafikdesign Antonio Citterio and Partners mit Patricia Viel in Mailand

1999–2002
Lehrtätigkeit an der Università della Svizzera Italiana in Mendrisio

2001
Hauptsitz von Edel Music in Hamburg (D)

2002
Bürogebäude am Neuen Wall in Hamburg (D)
Forschungs- und Entwicklungszentrum für B&B Italia in Novedrate (I)

2006
Professur an der Università della Svizzera Italiana in Mendrisio

2007
Ernennung zum Royal Designer for Industry durch die Royal Society of Arts in London

2008
Logistikhalle für Vitra in Neuenburg (D)
Firmenhauptsitz für Ermenegildo Zegna in Mailand (I)

2009
Änderung des Büronamens in Antonio Citterio Patricia Viel and Partners

2012
Logistikzentrum für Vitra in Weil am Rhein (D)
Firmenhauptsitz für Technogym in Cesena (I)

Antonio Citterio ist als Industriedesigner und Architekt international erfolgreich. Sowohl seine Bauten als auch seine Produktentwürfe zeichnen sich durch eine unprätentiöse Formensprache aus, stellen die Anforderungen des Benutzers und die jeweiligen technischen Möglichkeiten in den Mittelpunkt und gelangen auf diese Weise zu einer eleganten, zeitlosen Ästhetik.

VITRA CENTER
1994
FRANK GEHRY

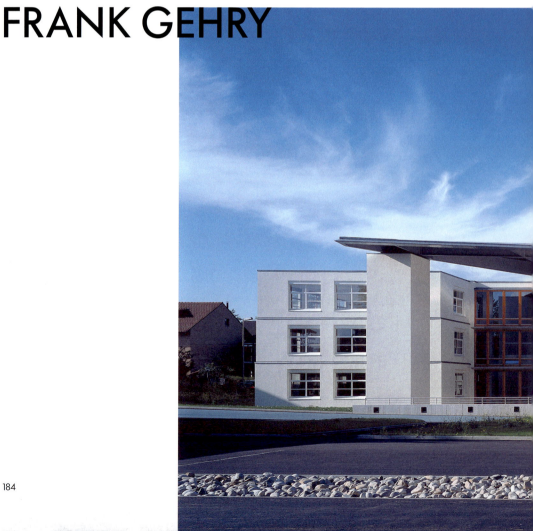

Der Hauptsitz der Firma Vitra befindet sich nicht auf dem großen Unternehmenscampus in Weil am Rhein, sondern wenige Kilometer entfernt in Birsfelden bei Basel. Das Gebäude dafür wurde, wie auch einige Bauten auf dem Campus, von Frank Gehry entworfen. Es handelt sich dabei um einen rechteckigen Büroblock und eine sogenannte „Villa", die durch ein Atrium und ein imposantes Dach miteinander verbunden sind. Diese Aufteilung offenbart die Grundidee des Vitra Centers: Die expressive Villa ist das soziale, kommunikative Zentrum mit Rezeption, Cafeteria, Konferenzräumen und Audiovisionsraum, während im Büroblock die Arbeitsplätze und die Unternehmensleitung angesiedelt sind. Mitarbeiter und Gäste von Vitra begegnen sich in der Villa. Mit ihren skulpturalen Formen, den außergewöhnlichen Konferenzräumen, den Farben und speziell für die einzelnen Räume entworfenen Leuchten ist sie das Herz des Komplexes. Die Kraft des Ensembles resultiert aus der Spannung und Beruhigung, die von den Beziehungen zwischen dem zurückhaltenden Büroblock und der expressiven Villa ausgehen. Während die Bauten von Frank Gehry auf dem Vitra Campus in Weil am Rhein zwar skulptural-dynamisch, aber farblich sehr reduziert gehalten sind, zeugt das Vitra Center von Frank Gehrys Interesse an der Kombination unterschiedlichster Materialien und Farben, die den collagehaften Charakter des Gebäudes unterstützen. Neben dem Vitra Center befindet sich auf dem Vitra-Areal in Birsfelden ein Shedbau aus dem Jahr 1957, der auch als „Factory" bezeichnet wird und das erste Fabrikgebäude mit Bürotrakt von Vitra darstellt. In diesem Gebäude befinden sich die Modellwerkstatt und die Produktentwicklung von Vitra.

INTERVIEW

Frank Gehry, Rolf Fehlbaum und Álvaro Siza im Feuerwehrhaus, 1994

TREIBENDE KRAFT HINTER DER ARCHITEKTONISCHEN KONZEPTION DES VITRA CAMPUS IST ROLF FEHLBAUM, DER 1977 DIE FIRMENLEITUNG ÜBERNAHM UND HEUTE MITGLIED DES VERWALTUNGSRATS DER VITRA AG IST. HUBERTUS ADAM, DIREKTOR DES SCHWEIZERISCHEN ARCHITEKTURMUSEUMS, SPRACH MIT IHM ÜBER DEN VITRA CAMPUS UND DIE ENTWICKLUNG VON FIRMENARCHITEKTUR ALS KURATORISCHEN PROZESS.

HA: 1981 wurde das Vitra-Firmengelände in Weil am Rhein durch einen Großbrand zerstört. Nicholas Grimshaw, der zunächst mit dem Neubau der Produktionshallen betraut wurde, steht am Anfang einer langen Reihe von Architektinnen und Architekten, die für Vitra gebaut haben. Sie, Rolf Fehlbaum, sind so etwas wie der Bauherr aus dem Bilderbuch: kulturell interessiert, leidenschaftlich eingenommen für die Sache der Architektur. Rückblickend wirkt vieles immer strategischer als es in Wahrheit war. Gab und gibt es für Sie eine Leitlinie bei der Auswahl der Architekten? Ist es Resultat systematischen Denkens oder ist es Intuition? Ist es Strategie – oder eher Liebhaberei?

RF: Der Begriff Liebhaberei kommt meinem Vorgehen vielleicht am nächsten, wenn er nicht so beliebig klänge. Meine Wahl bezog sich immer auf die momentane Situation, auf das, was mich zu der Zeit interessierte. Ich hatte im Bereich des Designs gelernt, dass man am besten mit dem Designer arbeitet, den man gut findet, und sich nicht von Überlegungen leiten lässt, ob er aus der Region kommt, ob die Zusammenarbeit logistisch einfach ist und dergleichen.

DER BAUHERR ALS KURATOR

Mit der Architektur verhielt es sich ähnlich. Ich wollte nicht überlegen, was das Allerpraktischste wäre, sondern mich interessierte, mit wem ich gerne ein Problem lösen würde. Es gab viele Zufälle und das eine kam zum anderen. Ich hatte keine Strategie, keine Liste von möglichen Architekten; ich veranstaltete auch niemals Wettbewerbe. Mir war immer klar, dass es für eine bestimmte Aufgabe eine bestimmte Person sein sollte. Wenn etwas strategisch daran war, dann die Idee mit Leuten zusammenzuarbeiten, die sonst nicht in dieser Gegend gebaut hätten. Das hat mir auch lange Zeit den Zugang zu Herzog & de Meuron verbaut, denn die gab es hier ja schon. Ich wollte so etwas wie ein Vitra-Land außerhalb des zu Erwartenden und Gewohnten schaffen.

Wie begann Ihr Engagement für das Vitra-Gelände in Weil?

Ich habe eine Zeit lang in München als Referent für Fortbildung bei der Bayerischen Architektenkammer gearbeitet und konnte seinerzeit Architekten zu Vorträgen einladen, beispielsweise Aldo Rossi. Das war für mich inspirierend.

Als ich dann 1977 die Leitung bei Vitra übernahm, wollte ich diese Erfahrung nutzen. Nach dem Brand der Firma stellte sich die Frage, wie man das Problem löst, in sechs Monaten wieder produzieren zu können. Die naheliegende Lösung wäre gewesen, eine beliebige Halle zu errichten; für unsere Firma ging es um das Überleben. Wir hatten eine sogenannte Betriebsunterbrechungsversicherung: Für sechs Monate waren unsere Ausfälle bezahlt, danach mußte die Produktion wieder funktionieren. Ein paar Monate vorher hatte ich zufällig in England Nicholas Grimshaw kennengelernt und einige Gebäude von ihm besichtigt. Grimshaws technische Ästhetik und das Bauen mit Fertigteilen lag mir – von Eames her kommend – sehr. Grimshaw kam unverzüglich nach Weil am Rhein, ein Gebäude wurde errichtet und nach sechs Monaten konnten wir wieder produzieren. Das Ergebnis war erfreulich und ich bat Grimshaw einen Masterplan für die weitere Entwicklung des Geländes zu entwerfen. Dieser Plan sah die sinnvolle Verteilung von ähnlichen Gebäuden auf dem Gelände vor. Ich konnte mir seinerzeit auch nichts anderes

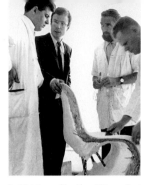
Rolf Fehlbaum (2. v. l.) und Verner Panton (2. v. r.) mit Mitarbeitern bei der Entwicklung des Panton Chair, ca. 1966

Rolf Fehlbaum und der Gründungsdirektor des Vitra Design Museums, Alexander von Vegesack, in der Museumssammlung

als eine Systemarchitektur vorstellen: So, dachte ich mir, macht man das. Wenn man aufgrund neuer erforderlicher Kapazitäten oder neuer Leistungen wieder einmal bauen müsste, dann sollte es nach diesem Schema sein. Erst durch die Begegnung mit Frank O. Gehry – sie wurde durch eine Skulptur ausgelöst, die meine Brüder und ich zum 70. Geburtstag unseres Vaters bei Claes Oldenburg und Coosje van Bruggen in Auftrag gegeben hatten – wandelte sich meine Ansicht. Ich hatte Gehry schon vorher einmal hinsichtlich des Entwurfs von Möbeln angeschrieben, damals aber keine Antwort bekommen. Mich interessierten die Kartonmöbel, die er erfunden hatte. Und ich war durch die Eames auf Los Angeles fixiert und hatte dort die verschiedenen frühen Bauten von Gehry kennengelernt. Das war für mich eine völlig neue Welt. Als ich Oldenburg besuchte, war zufälligerweise auch Gehry in seinem Studio und wir haben uns über Möbel unterhalten. An Architektur dachte ich zuerst gar nicht. Doch dann kam mir die Idee, man könnte ja auch mit Gehry etwas bauen – und so fing der Traum von einem Museum an. Ich traute mich allerdings damals gar nicht von einem Museum zu reden – das klang mir viel zu prätentiös. Ich sprach von „a little shed".

Ich hatte angefangen, Möbel zu sammeln. Sie befanden sich in einem Lager, was schade war, denn immer mehr Leute wollten sie auch einmal sehen. Ich dachte, man könnte ein kleines Gebäude vor eine neu zu erbauende Fabrik stellen, in welchen man die Möbel ausstellen würde. Schritt für Schritt ist es zu diesem Gebäude gekommen, das vor einer Halle steht, die ebenfalls von Gehry entworfen wurde. Es war gar nicht leicht, einen lokalen Partnerarchitekten zu finden: Mehrere Architekten lehnten ab, weil sie Gehry nicht mochten oder an das Projekt nicht glaubten. Aber dann fanden wir einen, und es funktionierte. Und so kam es in Weil zur ersten Manifestation einer neuen Architek-

turauffassung. Ich fand es fantastisch. Und für mich war es ein Schlüsselerlebnis, wie die Hallen von Grimshaw und Gehry nebeneinanderstanden: das gleiche Volumen, die gleichen Kosten, die gleiche Funktion. Und ich fand das Nebeneinander von Unterschiedlichem viel interessanter als zwei Gehrys oder zwei Grimshaws. Diese Einsicht führte zur Idee, beim nächsten Bauprojekt wieder mit einer anderen Persönlichkeit zu arbeiten: Es erhöht die Lebendigkeit. Ich spürte, das Firmengelände könnte tatsächlich ein „Ort" werden, und der Ort entstünde nicht, wenn man ihn rational als Industriegelände ausbaute. Ich wollte ihn komplexer, widersprüchlicher, interessanter, lebendiger. So gelangte der nächste Auftrag an Zaha Hadid, mit der ich auch erst – wiederum ergebnislos – über Möbel gesprochen hatte. Wir besaßen ein altes Feuerwehrhäuschen auf dem Gelände, das wie ein Chalet aussah, und ich dachte, wir benötigen etwas Neues für diesen Zweck. Feuerwehr steht für Tempo und Gefahr, da schien mir Zaha ideal. Der Prozess der Planung und Realisierung dauerte extrem lange, da Zaha Hadid als Architektin seinerzeit noch nicht erfahren war. Wahrscheinlich hat sie niemals wieder so viele Zeichnungen pro Kubikmeter produziert wie bei diesem Gebäude.

Schließlich lernte ich bei einem Vortrag in Basel, den Werner Blaser veranstaltet hatte, Tadao Ando kennen, und dann bin ich nach Japan gefahren, um seine Bauten anzusehen, die mich ebenfalls faszinierten. Sie sehen, ich bin nicht auf eine Linie festgelegt. Mit Ando habe ich zunächst über einen Pavilion of Silence – eine Art Meditationsraum – gesprochen, auch wenn ich selbst nicht so recht wusste, wozu er dienen sollte. Ich darf, um zu Ihrer Eingangsfrage zurückzukehren, ein wenig aus Liebhaberei bauen, aber nicht zu viel. Ich bin kein privater Bauherr; es ist die Firma, die baut, also muß es für das Unternehmen Sinn ergeben.

Produktion der *Balancing Tools*, 1984

Aber es geht immer darum, das, was man tut, so interessant wie möglich zu machen. Wenn man schon die Gelegenheit hat zu bauen, warum dann nicht etwas Großartiges anstreben? Der Kostenunterschied zwischen dem Trivialen und dem Außerordentlichen ist nicht groß ... Da wir in der Fabrik seinerzeit keine Konferenzräume besaßen, bat ich Ando, die vage Idee des Pavilion of Silence, für den er zu entwerfen begonnen hatte, aufzugeben und stattdessen ein kleines Konferenzzentrum zu planen. Auch das war also eher ein Zufall.

Zufälle spielten immer eine Rolle; konstant blieb lediglich der Wunsch, für jedes weitere Projekt mit einem anderen Architekten zu arbeiten. Der nächste Bau war eine Fabrik mit Siza. Aber auch das galt nicht als unumstößliches Prinzip: In Birsfelden haben wir ein zweites Projekt mit Frank O. Gehry realisiert. Und das Dogma, nicht mit regional vertretenen Architekten zu bauen, wurde schließlich mit Herzog & de Meuron durchbrochen.

Wie kam es zu diesem Sinneswandel? Haben Sie Herzog & de Meuron zunächst als ein lokales, in der Tradition der Schweizer Analogen wurzelndes Phänomen verstanden? Wurde die Arbeit des Büros für Sie erst interessant, als sie rund um den Globus zu bauen begannen? Dann wäre das VitraHaus so etwas wie ein Reimport ...

Am Anfang habe ich Herzog & de Meuron hinsichtlich ihrer konzeptionellen Kraft unterschätzt. Und Jacques und Pierre fanden mich umgekehrt wohl ziemlich daneben. Aber mit der Zeit haben wir uns angefreundet, und für mich wurde es völlig schlüssig, ein Projekt mit den beiden umzusetzen. Inzwischen strahlen sie aus der Region in die Welt, und da ich immer eher das Weite gesucht habe, passen sie jetzt tatsächlich gut.

SANAA, die für den jüngsten Bau in Weil verantwortlich sind, habe ich seit vielen Jahren verfolgt. Allerdings hatten wir seit 1994 16 Jahre lang nicht mehr gebaut, weil es nichts mehr zu bauen gab. Es gab Jahre der Krise, aber auch das Aufkommen der Just-in-time-Produktion, bei der man wesentlich weniger Fläche benötigt. So ergab sich die Gelegenheit, mit Sejima zu bauen, erst mit großer Verzögerung.

Sie haben mit Frank O. Gehry gearbeitet, der seinerzeit in Europa wenig populär war. Sie haben Zaha Hadid beauftragt, die damals noch nichts gebaut hatte. Es gibt Kritiker, die vermissen beim VitraHaus und beim SANAA-Gebäude den Wagemut und die Vision, die ursprünglich bestimmend waren.

Sowohl bei SANAA als auch beim VitraHaus könnte man tatsächlich fragen, ob mir nichts mehr eingefallen ist. Vielleicht ist es so. In einem Leben gibt es prägende Phasen, in denen man selbst noch ein leeres Blatt ist, und auf diesem Hintergrund enstehen die stärksten Eindrücke. Für mich waren das die Begegnungen mit Eames; da war ich 16. Auf die Eames-Welt folgte dann eine andere Welt, die durch Gehry repräsentiert wurde. Die Eames-Welt und die Gehry-Welt passen auf den ersten Blick nicht zusammen; aber das Zeichensystem, das mit dem Vitra Campus Gestalt gewann, konnte beide aufnehmen – und auch die anderen Architekturen, die über die Jahre enstanden. Heute sehe ich in nichts etwas gänzlich Neues, das mich mit der gleichen Begeisterung und Liebe erfüllt. Wenn wir zu meiner Zeit noch einmal bauen, so kommen wir vielleicht wieder auf einen bekannten Namen zurück. Daß die Wahrnehmungsfähigkeit für das Neue im Laufe der Lebenszeit nachlässt, ist ein natürlicher Vorgang.

Wohnhausprojekt *Quinta Monroy* von Alejandro Aravena in Chile, 2003-2005

Vor knapp vier Jahren war in Venedig anlässlich der Architekturbiennale auch ein Projekt von Alejandro Aravena ausgestellt. Aravena ist ein Architekt, der hierzulande lediglich in Fachkreisen bekannt ist. Wie verhält es sich mit jungen Architekten bei Vitra?

Ich habe Aravena durch Zufall während einer Reise der Jury des Pritzker-Preises kennengelernt. Wir waren in Chile, und ich habe auf dem Gelände der Università Cattolica del Cile ein Gebäude von Aravena gesehen, das mich begeisterte. Als wir vor ein paar Jahren ein kleines Gebäude für die Workshops, die wir mit Kindern, Studenten und interessierten Laien auf unserem Campus durchführen, bauen wollten, dachte ich an Aravena und wir begannen zu planen. Dann kam aber die Krise 2009 und das Projekt wurde nicht weiterverfolgt. Das habe ich sehr bedauert. Aber ich sehe meine Aufgabe nicht darin, junge Architektur zu fördern. Mein Job ist es, wie ein Kurator am Vitra-Projekt zu arbeiten und Lösungen für die anstehenden Aufgaben zu finden. Ich bin beispielsweise begeistert von Giancarlo Mazzanti, der in Medellín ein wegweisendes Bibliotheksprojekt realisiert hat. Ich müsste aber viel mehr darüber wissen, um eine Vorstellung zu gewinnen, ob sein Ansatz in unserem ganz anderen sozialen Umfeld Sinn machen würde. Was passt in die „Komposition"? Rem Koolhaas beispielsweise fand ich immer fantastisch, aber wir hatten bisher nicht das richtige Projekt für ihn. Vielleicht ändert sich das einmal.

Ein Gebäude in Holz von Peter Zumthor könnte ich mir sehr gut vorstellen. Oder etwas vielleicht Abwegiges: Ich bin sehr interessiert an den Schriften von Christopher Alexander, der inzwischen fast zu einem Mystiker geworden ist. Aus der Sicht der aktuellen Architektur ist seine Haltung extrem reaktionär.

Seine Bücher werden aber heute völlig unterschätzt. Ich glaube, seine theoretischen Positionen harren der Wiederentdeckung und ich überlege mir seit einiger Zeit, ob man nicht im Schweizerischen Architekturmuseum eine Ausstellung über ihn und mit ihm machen sollte. Leider ist er kein so guter Architekt.

Das Linz Café, das leider nicht mehr besteht, fand ich fantastisch. Ich wollte vor vielen Jahren eine Büroeinrichtungsidee mit Christopher Alexander entwickeln, die auf den Einsichten von Pattern Language beruht. Er war zwar interessiert, aber letztlich war die Zusammenarbeit zu kompliziert und das Projekt hat sich zerschlagen. Mich reizte aber weiterhin, mit ihm etwas auszuprobieren.

Was reizt Sie an der Rolle des Bauherrn?

Etwas gemeinsam zu erarbeiten – dieser Aspekt hat mich immer interessiert. Das Wort „Bauherr" empfinde ich als ein groteskes Wort. Ich bin immer davon ausgegangen, dass keiner der Architekten, mit denen ich zusammenarbeite, für den Bauherrn baut. Eine kreative Figur baut immer am eigenen Projekt. Wenn es dem Bauherrn gelingt, über eine gegenseitige Identifikation das eigene Projekt zu dem des anderen zu machen, dann kann etwas entstehen. Aber nur, wenn die Verschmelzung der beiden Interessenszonen erfolgt. Und das setzt voraus, dass man sich auch kennt und sympathisch findet. Das ist die Gemeinsamkeit. Im Produktdesignprozess ist die Verschmelzung die Regel; die Zusammenarbeit zwischen Hersteller und Designer besteht in einem permanenten Austausch. Es ist ein gemeinsames Projekt, das am Ende vorliegt; es ist nicht so, dass der eine lediglich Hersteller und der andere allein Gestalter ist. Die Rollen vermischen sich. Beim Bau ist es etwas anderes, da kann man nicht jeden Schritt zusammen unternehmen. Aber die Gemeinsamkeit, das Reden über das, was man

Philip Johnson aus der Serie *Vitra Personalities* des Fotografen Christian Coigny, ca. 1995

erreichen will, die gemeinsame Evaluation aller wichtigen Schritte, die offene Diskussion über Probleme und Zweifel in Verbindung mit einem gegenseitigen Grundvertrauen – das sind die Voraussetzungen für ein gutes Bauwerk. Ein Bauherr, der diesen Prozess nicht mit Enthusiasmus begleitet, ist keiner.

Solch eine Haltung ist zu einer Ausnahme im Bereich der Architektur geworden. Bauherren, die einen gemeinsamen Weg mit dem Architekten gehen wollen, auf gegenseitige Inspiration hoffen und Verantwortung übernehmen, besitzen heute Seltenheitswert. Andere Auftraggeber sind an ihre Stelle getreten.

Natürlich handelt es sich bei Vitra um eine spezielle Situation. Als Miteigentümer kann man sich anders verhalten als ein Manager. Man kann Liebe einbringen, was bei einem Manager eher kritisch gesehen würde. Man muss auch etwas vom Thema verstehen. In unserem Fall kommt noch hinzu, dass Fragen der Gestaltung auch sonst unser Thema sind. Das Projekt Vitra beruht im Grunde auf der Verbindung mit Kreativen – das ist im Design so, in der Kommunikation, aber auch beim Bauen. Und das ist jener Faktor, welcher das Unternehmen von anderen unterscheidet.

Ein Spezifikum, das diesen Spezialfall auszeichnet und erklärt, ist die Kontinuität. Auf der Auftraggeberseite haben wir heute das Problem, dass diejenigen, die ein Projekt lanciert haben, dann, wenn es fertiggestellt ist, gar nicht mehr dabei sind. Diese Disposition reduziert die Bereitschaft, Verantwortung zu übernehmen.

Und es kommt noch hinzu, dass unsere Beziehung zum Ort nicht unbedingt zeitgenössischen Auffassungen entspricht, denn das Wirtschaftssystem entwickelt sich generell zur Ortlosigkeit. Produzieren kann man überall, denken kann man überall, arbeiten kann man überall: Das führt zu einer Auflösung des Ortes. Insofern stellt sich für Unternehmen die Frage, ob es sich überhaupt lohnt, in einen Ort zu investieren, einen Ort zu bauen, wenn dieser Ort morgen einer veränderten Produktionskonstellation oder Marktwelt gar nicht mehr entspricht. Zu bauen heißt immer sich zu binden, festzuhalten und sich festzulegen. Und das ist nicht unbedingt im Interesse einer hyperdynamischen ökonomischen Entwicklung.

Ihre Entscheidung für Weil am Rhein, für die Region Basel ist auch eine Entscheidung dagegen, jeder Volte der zeitgenössischen Ökonomie zu folgen und den Standort dorthin zu dislozieren, wo die Produktion günstiger ist.

Das kann ein Vor- oder ein Nachteil sein. Aber es ist der Weg, den wir gewählt haben.

Der Effekt Ihrer Entscheidung ist aber nicht zuletzt, dass Vitra mit dem Campus in Weil und seiner Architektur assoziiert wird. Bei all Ihrer privaten Leidenschaft für die Projekte erzeugen diese auch eine mediale Aufmerksamkeit, und für diese Wirkung spielen die heterogenen architektonischen Setzungen eine entscheidende Rolle. Das lässt sich dann schließlich doch auch strategisch verstehen.

In meiner Rolle muß man das ja immer verbinden. Ich kann nicht aus privater Leidenschaft ein Museum bauen, wenn ich nicht begründen könnte, dass das auch für das Unternehmen sinnvoll ist. Der Begründungszwang ist durchaus etwas Interessantes an der Tätigkeit in der Wirtschaft, wenn man diese etwas weiter fasst. Wenn man Dinge anders als gewöhnlich angeht, so muss man das mit der Grundausrichtung des Unternehmens in Verbindung bringen. Das führt zu einem gewissen Realismus.

Wenn ich etwas privat mache, so kann ich machen, was ich will. Handle ich aber für ein Unternehmen, so muss es für das Unternehmen Sinn ergeben. Durch dieses Sieb gehen nur Dinge, die mit den Unternehmensinteressen in Verbindung stehen und eine Markenstärkung bedeuten.

Mit ihrem Engagement für Vitra haben Sie Maßstäbe gesetzt – und auch Nachahmer hervorgerufen, heterogene Bauten. Man kann an Novartis denken, an die Idee der Serpentine Pavilions, an Ordos, vielleicht auch an das britische Projekt von Alain de Botton oder gar an Andermatt. Wie stehen Sie dazu?
Das Novartis-Projekt besitzt eine ganz andere Dimension. Dort muss alles viel systematischer betrieben werden als wenn man nur alle paar Jahre baut. Der Vitra Campus ist eine Komposition mit sehr viel Zeit.

Während Novartis sich mehr oder minder abschottet, sind Besucherinnen und Besucher auf Ihrem Campus willkommen. Das hat natürlich auch etwas mit der Tatsache zu tun, dass sich Vitra mit der Home Collection in den letzten Jahren verstärkt auf den Privatkunden ausgerichtet hat.
Das Verschmelzen von öffentlich und privat ist für uns ein ganz wichtiges Thema. Das geschieht auf vielfältige Weise – mit den Ausstellungen des Museums, die weltweit reisen, mit den Produkten und dem Ausbau des Campus. Um das Entwickeln und Herstellen von Möbeln interessanter und relevanter zu machen, begann ich, Möbel der Moderne zu sammeln. Die Sammlungstätigkeit führte über das Vitra Design Museum zur Öffentlichkeit. Mit dem populären VitraHaus ist die Öffentlichkeit wesentlich erweitert worden – wir haben über dreihunderttausend Besucher pro Jahr. Bis 1984 gab es in Weil eine Fabrik mit einem Zaun drumherum. Dann kam die Plastik von Claes Oldenburg im Außenbereich, in der Öffentlichkeit, und veränderte damit die Chemie des Ortes. Es folgten das Vitra Design Museum und kleinere Interventionen, wie die Bushaltestelle von Jasper Morrison, dann das VitraHaus. Und ich hoffe, der Ort wird in Zukunft noch viel öffentlicher, wenn beispielsweise neue Wege geschaffen werden. Mit Álvaro Siza arbeiten wir zurzeit an einem Konzept, die Wegeführung hinsichtlich der Zweipoligkeit – hier das Museum und das VitraHaus, dort das Feuerwehrhaus – neu zu strukturieren und das Feuerwehrhaus im öffentlichen Bereich anzusiedeln.

Mit Ihrer generellen Haltung arbeiten Sie ähnlich wie ein Redakteur oder ein Kurator, der unterschiedliche, sich vielleicht sogar ausschließende Positionen zusammenbringt. Das ist etwas, das Architekten allerdings oft nicht goutieren. Sind Sie damit konfrontiert worden?
Manche Besucher finden an einem der Gebäude besonderen Gefallen und empfinden es als Unentschlossenheit, dass auch andere Architekturrichtungen auf dem Gelände vertreten sind. Ich verstehe jeden Kreativen, der bei seinem Projekt ist und nichts anderes in der Welt sehen will. Und ich habe wenige Architekten gefunden, die in ihrer Gegenwart wirklich etwas interessant fanden außer ihrer eigenen Arbeit. Das ist verständlich, denn es bedarf einer ungeheuren Kraft, eine eigene Sprache zu entwickeln. Man muss den Mut haben, mit etwas Neuem in die Welt zu kommen, und eine Überzeugung, die natürlich auch zu einer Verengung führt. Ich bin allerdings nicht auf dieser Seite; ich kann nicht, was diese Personen können.

Glücklicherweise muss ich kein Prophet sein. Und ich bin auch kein Architektursammler, der danach sucht, was ihm noch fehlt. Manche Rezensenten sprechen angesichts des Vitra Campus von einem „Architekturzoo". Das war nie

Zaha Hadid und Rolf Fehlbaum anlässlich des 20. Jubiläums des Feuerwehrhauses, 2013

meine Idee. Für mich musste die Gesamtkomposition stimmen, und da stellt sich die Frage nicht, ob jemand „fehlt".

Sie verstehen sich nicht als das Sprachrohr einer bestimmten Richtung. Das ähnelt dem Verständnis davon, wie wir heute eine Architekturzeitschrift konzipieren.
Natürlich wäre es denkbar, Förderer einer bestimmten Bewegung zu sein. Es ist aber nicht der Weg, den ich gehen könnte. Und selbst wenn ich Sprachrohr einer Bewegung sein wollte, so wüsste ich nicht recht, für wen.

Es herrscht eine gewisse Beliebigkeit und es ist unklar, auf welche Positionen man setzen sollte und welche relevant sind. Diese Unübersichtlichkeit scheint mir stärker zu sein als früher, wo es gewisse Leitlinien gab. Daß Sie heute keine Positionen finden, die Sie in vergleichbarer Weise faszinieren wie vor zwei oder drei Jahrzehnten, scheint mir symptomatisch für die heutige Zeit zu sein. Auch wir als Architekturkritiker wissen weniger als zu anderen Zeiten, wohin sich die Architektur bewegt und wo die spannenden Positionen zu finden sind.
Es hat auch damit zu tun, dass die Akzeptanz viel größer geworden ist. Dabei meine ich nicht, dass es den Architekten besser geht als früher – im Gegenteil; sie haben mehr Probleme mit Developern, mit einer geänderten Verantwortlichkeit, mit Verträgen, rechtlicher Anfechtung usw. Es gibt viele Gründe für Architekten, nervös zu sein in der Welt des Bauens von heute. Auf der anderen Seite ist die Offenheit für Experimente, für neue Ausdrucksformen größer als früher und damit fehlt der offensichtliche Feind – und umgekehrt auch eine dezidierte Parteinahme. Es gibt keinen Widerstand mehr in ästhetischen Fragen.

Im Rückblick: Gab es auch architektonische Positionen, welche Sie überhaupt nicht interessiert haben?
Ich habe nie in Positionen gedacht und beanspruche auch gar nicht, den Überblick zu haben. Vielleicht war es ein Glück, dass die Postmoderne architektonisch an mir vorbeiging; ich gelangte vom Hightech direkt zu Gehry. Aber möglicherweise wäre es zum Beispiel durchaus interessant gewesen, etwas mit Robert Venturi zu machen ...

... oder mit Philippe Starck, mit dem Sie im Produktdesign gelegentlich zusammengearbeitet haben?
Ich habe sogar eine Weile geglaubt, Starck habe architektonisch etwas zu sagen. Aber es war eine relativ kurze Phase und mir auch nicht wirklich ernst damit. Ich habe einmal mit Philip Johnson darüber geplaudert, der es eine ganz hervorragende Idee fand. Johnson war ja immer auf der Jagd nach dem Allerneusten. Wenn ich aber etwas für Vitra gar nicht möchte, dann Corporate Architektur. Auch gute Corporate-Architekturen wären für das Projekt Vitra nicht interessant. Müssten wir in einer Großstadt ein Haus bauen, davon ein Geschoss nutzen und den Rest vermieten, so wären das andere Kriterien. Ich beschäftige mich immer nur insofern mit Architektur, als sie Bezug zum eigenen Projekt hat.

Dieses Interview erschien erstmalig in der *archithese* Ausgabe 2/2012 Bauherr/The Client

BILDNACHWEIS

Das Vitra Design Museum hat sich bemüht, alle zur Veröffentlichung notwendigen Genehmigungen der Rechteinhaber zu erhalten. Wir danken allen folgenden Fotografen, Archiven und Institutionen für ihre Unterstützung und die Bereitstellung von Abbildungsmaterial. Sollten wir einzelne Bildrechte nicht respektiert haben, so bitten wir dafür um Nachsicht und werden dies umgehend korrigieren.

S. 4/5: © Vitra, Foto: Marc Eggimann
S. 6: © Vitra, Foto: Tobias Madörin
S. 10: © Vitra Design Museum, Foto: Wolfgang Beyer
S. 12: © Vitra
S. 13: © Robert Nachbargauer
S. 14: © Strähle Luftbild, Schorndorf, Bild Nr. 4856 Aufnahmedatum 02.09.1927, Stuttgart Weissenhofsiedlung
S. 15: © J. Paul Getty Trust, abgedruckt mit Erlaubnis des Julius Shulman Photography Archive, Research Library am Getty Research Institute (2004.R.10)
S. 18: © Vitra, Foto: Thomas Dix
S. 19: © Vitra, Foto: Julien Lanoo
S. 20, S. 21: © Vitra, Foto: Gabriele Basilico
S. 22: © Vitra
S. 24/25: © Vitra, Foto: Julien Lanoo
S. 26/27: © Vitra, Foto: Giovanni Chiaramonte
S. 28: © Claes Oldenburg and Coosje van Bruggen, 1984, Foto: Balthasar Burkhard
Abgebildetes Werk (auch auf S. 26/27, 28): Claes Oldenburg und Coosje van Bruggen, Balancing Tools, 1984, Stahl mit Polyurethanlackierung, 800 x 900 x 610 cm, Sammlung Vitra International AG, Weil am Rhein, Deutschland © 1984 Claes Oldenburg und Coosje van Bruggen
S. 30/31: © Vitra, Foto: Julien Lanoo
S. 32: © Vitra Design Museum, Foto: Thomas Dix
S. 33 beide: © Vitra, Foto: Julien Lanoo
S. 34: © Vitra Design Museum, Foto: Mark Niedermann
S. 35: © Vitra Design Museum, Foto: Bettina Matthiessen
S. 36 oben: © Vitra Design Museum, Foto: Mark Niedermann
Abgebildetes Werk: Daniele Tamagni, Afrometals, 2012. Django (Rock Phex) Lobatse, Botswana. Farbabzug, 70 x 100 cm. Courtesy of Kristin Hjellegjerde Gallery London © Daniele Tamagni
S. 36 unten: © Vitra Design Museum, Foto: Bettina Matthiessen
Abgebildetes Werk: Cyrus Kabiru, C-Stunners, 2012, Caribbean sun, © Cyrus Kabiru, Foto: Carl de Souza/AFP/Getty Images
S. 37: © Vitra Design Museum, Foto: Ursula Sprecher
Abgebildetes Werk: Carlos Cruz-Diez, Chromosaturation, 1965-2013 © VG Bild-Kunst, Bonn 2016
S. 38/39: © Vitra
S. 40: © Vitra Design Museum, Foto: Giovanni Chiaramonte
S. 41: © Vitra Design Museum, Foto: Ursula Sprecher
Abgebildete Werke: Roy Lichtenstein, Yellow Brushstroke, 1965 © VG Bild-Kunst, Bonn 2016; Ettore Sottsass, emaillierter Kupfertondo, 1958 © Studio Ettore Sottsass, Mailand; George Nelson, Marshmallow, 1956 © Vitra Design Museum
S. 42/43: © Vitra Design Museum, Foto: Bettina Matthiessen
S. 44/45: © Vitra, Foto: Julien Lanoo

S. 46/47: © Foto: Tomas Souček for Depot Basel Ausstellungsansicht Forum für eine Haltung
S. 48/49: © Vitra Design Museum, Foto: Bettina Matthiessen
S. 50/51: © Vitra, Foto: Julien Lanoo
S. 52, S. 53: © Vitra, Foto: Gabriele Basilico
S. 54 beide: © Vitra, Foto: Dominik Denzler
S. 56/57: © Vitra, Foto: Julien Lanoo
S. 58/59, S. 60/61: © Vitra, Foto: Olivo Barbieri
S. 62, S. 63, S. 64 oben links: © Vitra, Foto: Thomas Dix
S. 64 oben rechts: © Vitra, Foto: Julien Lanoo
S. 64 unten, S. 65 beide: © Vitra, Foto: Thomas Dix
S. 66 oben: © Vitra, Foto: Julien Lanoo
S. 66 unten: © Vitra, Foto: Thomas Dix
S. 67: © Vitra
S. 68, S. 69 beide: © Vitra, Foto: Thomas Dix
S. 70/71, S. 72/73, S.74: © Vitra, Foto: Thomas Dix
S. 75: © Vitra, Foto: Julien Lanoo
S. 76/77: © Vitra Design Museum, Foto: Bettina Matthiessen
S. 76 oben: © Vitra, Foto: Thomas Dix
S. 77 oben: © Hélène Binet
Abgebildetes Werk: Prima by Zaha Hadid for Swarovski, 2013
S. 78 beide: © Vitra, Foto: Julien Lanoo
S. 79: © Vitra, Foto: Steve Double
S. 80, S. 81: © Vitra, Foto: Julien Lanoo
S. 82/83, S. 84/85: © Vitra, Foto: Julien Lanoo
S. 85 oben: © Vitra, Foto: Marc Eggimann
S. 86: © Vitra
S. 87: © Vitra, Foto: Julien Lanoo
S. 88/89, S. 90, S. 91, S. 92, S. 93: © Vitra, Foto: Julien Lanoo
S. 94, S. 95: © Vitra, Foto: Ariel Huber
S. 96: © Marcus Gaab, Courtesy of The Gaabs GmbH
S. 97: © Vitra, Foto: Ariel Huber
Ansicht Studio Office im Vitra Center in Birsfelden
S. 98/99: © Vitra, Foto: Thomas Dix
S. 100/101: © Vitra, Foto: Julien Lanoo
S. 102 oben: © Vitra, Foto: Thomas Dix
S. 102 unten: © Vitra Design Museum, Foto: Bettina Matthiessen
S. 103: © Vitra, Foto: Susanne Günther
S. 104: © Vitra, Foto: Thomas Dix
S. 105: © Courtesy, The Estate of R. Buckminster Fuller
S. 106/107: © Vitra, Foto: Susanne Günther
S. 109: © Vitra, Foto: Thomas Dix
S. 110: © Vitra, Foto: Julien Lanoo
S. 112: © Vitra, Foto: Susanne Günther
S. 113: © Vitra, Foto: Thomas Dix
S. 114, S. 115: © Centre Pompidou – MnamCci – Bibliothèque Kandinsky – Fonds Jean Prouvé
Abgebildete Werke: Jean Prouvé © VG Bild-Kunst, Bonn 2016
S. 116/117: © Vitra, Foto: Julien Lanoo
S. 118 S. 119, S. 120: © Vitra, Foto: Marc Eggimann
S. 122/123: © momoko Japan
S. 124/125, S. 126/127, S. 128: © Vitra, Foto: Julien Lanoo
S. 129 oben: © Vitra, Foto: Iwan Baan
S. 129 unten, beide: © Vitra, Foto: Lorenz Cugini

201

S. 130, S. 130/131: © Vitra, Foto: Iwan Baan
S. 133 oben, beide: © Vitra, Foto: Lorenz Cugini
S. 133 unten: © Vitra, Foto: Dominik Denzler
S. 134: © Vitra, Foto: Tonatiuh Ambrosetti
S. 134/135: © Vitra, Foto: Iwan Baan
S. 136 oben: © Vitra, Foto: Didier Jordan
S. 136 unten, beide: © Vitra Design Museum, Foto: Nicole Pont
S. 136/137: © Vitra, Foto: Didier Jordan
S. 138/139: © Vitra, Foto: Walter Fogel
S. 139 unten: © Vitra, Foto: Susanne Günther
S. 140/141: © Vitra, Foto: Julien Lanoo
S. 142/143, S. 144: © Vitra, Foto: Christian Richters
S. 145: © Vitra, Foto: Julien Lanoo
S. 146: © Takashi Okamoto
S. 146/147, S. 148/149, S. 150/151, S. 152/153: © Vitra, Foto: Julien Lanoo
S. 154/155: © Renzo Piano Building Workshop, Foto: Gianni Berengo Gardin
S. 155, S. 156, S. 157, S. 158/159: © Vitra, Foto: Julien Lanoo
S. 160: © Vitra, Foto: John Scarisbrick
S. 162/163, S. 164/165: © Studio Rehberger, Foto: Mark Niedermann
S. 166/167: © Barbara Klemm
S. 168/169: © Vitra, Foto: Mark Niedermann
S. 170, S. 170/171, S. 172 beide, S. 173, S. 174: © Vitra Design Museum, Foto: Mark Niedermann
S. 175: © Vitra Design Museum, Foto: Julien Lanoo
S. 178: © Vitra, Foto: Marc Eggimann
S. 179: © Courtesy of Antonio Citterio Patricia Viel and Partners, Foto: Kaja Thorwart
S. 180/181: © Vitra, Foto: Marc Eggimann
S. 182/183: © Vitra, Foto: Gitty Darugar
S. 184/185: © Vitra, Foto: Thomas Dix
S. 186 oben: © Vitra, Foto: Thomas Cugini
S. 186 unten, S. 187: © Vitra, Foto: Thomas Dix
S. 190: © Moniek E. Bucquoye
S. 192 oben links: © Vitra Design Museum
S. 192 oben rechts: © Vitra, Foto: Pirmin Rösli
S. 193: © Vitra
S. 194: © Cristobal Palma
S. 195: © Christian Coigny
S. 196/197: © Vitra, Foto: Felix Kunze
S. 198/199: © Vitra Design Museum, Foto: Mark Niedermann

Umschlag
Cover: © Vitra, Foto: Julien Lanoo
Rückseite: © Vitra, Foto: Julien Lanoo
Rückseite innen: © Claes Oldenburg and Coosje van Bruggen, 1984, Foto: Balthasar Burkhard
Abgebildetes Werk (auch auf S. 26/27, 28): Claes Oldenburg und Coosje van Bruggen, Balancing Tools, 1984, Stahl mit Polyurethanlackierung, 800 x 900 x 610 cm, Sammlung Vitra International AG, Weil am Rhein, Deutschland © 1984 Claes Oldenburg und Coosje van Bruggen

IMPRESSUM

1. Auflage
Der Vitra Campus – Architektur Design Industrie
Herausgeber: Mateo Kries
Redaktion: Mateo Kries, Johanna Thieme
Projektleitung: Johanna Thieme
Lektorat: Charlotte Bensch
Übersetzung: Norma Keßler
Konzept, Grafikdesign: Double Standards, Berlin:
Chris Rehberger, Peter Trentmann
Lithografie: CRIS GmbH, Berlin und DZA Druckerei zu Altenburg GmbH, Deutschland

Neuauflage 2016
Übersetzung und Korrektorat: Tolingo GmbH
Produktion: Stefanie Krippendorff
Vertrieb: Irma Hager, Stefanie Krippendorff
Druck: DZA Druckerei zu Altenburg GmbH, Deutschland
© Vitra Design Museum und Autoren, 2016

Das Werk ist einschließlich aller seiner Teile urheberrechtlich geschützt. Jede Verwendung ist ohne schriftliche Genehmigung des Verlags unzulässig. Dies gilt insbesondere für Vervielfältigung, Mikroverfilmung sowie Einspeicherung und Verarbeitung in elektronischen Systemen.

Vitra Design Museum GmbH
Charles-Eames-Str. 2
79576 Weil am Rhein
verlag@design-museum.de
www.design-museum.de

Die Deutsche Nationalbibliothek verzeichnet diese Publikation in der Deutschen Nationalbibliografie; detaillierte bibliografische Daten sind im Internet über http://dnb.dnb.de abrufbar.

ISBN 978-3-945852-06-4
Deutsche Ausgabe
ISBN 978-3-945852-07-1
Englische Ausgabe

Wir danken

allen Fotografinnen und Fotografen

Chris Rehberger und Peter Trentmann von Double Standards für das Grafikdesign und die Geduld

Jens Sippenauer und Birgit Landgraf von DZA für die kompetente Beratung und Hilfe

dem Oldenburg van Bruggen Studio und Balthasar Burkhard Archiv für das bisher unbekannte Foto

allen, die dieses Projekt unterstützt haben, insbesondere: Janina Bültmann, Silvie Brosche, Céline Classen, Barbara Friedli, Katharina Giese, Irma Hager, Susanne Hoffmann, Aja Huber, Ina Klaeden, Constanze Lange, Serge Mauduit, Kathrin Meyer, Sabine Müller, Andreas Nutz, Thomas Ohle, Catherine Prouvé, Viviane Stappmanns, Florian Thorwart, Aldona Ubik